DEC 0 8 2009

Withdrawn/ABC

D0700407

DEC 0 8 2003

La vida mística
de Jesús

SYLVIA BROWNE

La vida mística
de Jesús

Una perspectiva poco común
de la vida de Cristo

EDICIONES OBELISCO

Nota de la autora: Dadas las numerosas interpretaciones que se dan en la Biblia, he estimado importante considerar más de una interpretación. En la versión inglesa de La vida mística de Jesús *se cita a la Biblia partiendo de las versiones del Rey Jacobo y de Dovay.*

Si este libro le ha interesado y desea que le mantengamos informado de nuestras publicaciones, escríbanos indicándonos qué temas son de su interés (Astrología, Autoayuda, Ciencias Ocultas, Artes Marciales, Naturismo, Espiritualidad, Tradición...) y gustosamente le complaceremos.

Puede consultar nuestro catálogo en www.edicionesobelisco.com

Colección Estudios y documentos
LA VIDA MÍSTICA DE JESÚS
Sylvia Browne

1.ª edición: mayo de 2009
2.ª edición: junio de 2009

Título original: *The Mystical life of Jesus*

Traducción: *Verónica d'Ornellas*
Maquetación: *Natàlia Campillo*
Corrección: *José Neira*
Diseño de cubierta: *Enrique Iborra*

© 2006, Sylvia Browne
Edición publicada por acuerdo con DUTTON,
miembro de PENGUIN GROUP (USA) INC.
(Reservados todos los derechos)
© 2009, Ediciones Obelisco, S. L.
(Reservados los derechos para la presente edición)

Edita: Ediciones Obelisco S. L.
Pere IV, 78 (Edif. Pedro IV) 3.ª planta, 5.ª puerta
08005 Barcelona - España
Tel. 93 309 85 25 - Fax 93 309 85 23
E-mail: info@edicionesobelisco.com

Paracas, 59 C1275AFA Buenos Aires - Argentina
Tel. (541-14) 305 06 33 - Fax: (541-14) 304 78 20

ISBN: 978-84-9777-547-2
Depósito Legal: B-27.931-2009

Printed in Spain

Impreso en España en los talleres gráficos de Romanyà/Valls S. A.
Verdaguer, 1 - 08786 Capellades (Barcelona)

Reservados todos los derechos. Ninguna parte de esta publicación, incluido el diseño de la cubierta, puede ser reproducida, almacenada, transmitida o utilizada en manera alguna por ningún medio, ya sea electrónico, químico, mecánico, óptico, de grabación o electrográfico, sin el previo consentimiento por escrito del editor. Diríjase a CEDRO (Centro Español de Derechos Reprográficos, www.cedro.org) si necesita fotocopiar o escanear algún fragmento de esta obra.

*Para mis hijos, Chris y Paul Dufresne,
y para mi querida amiga Linda Rossi.*

Amadísimo Señor, mira más allá de la ceguera de nuestros ojos.

Y ayúdanos a ver la verdad mientras eones de tiempo pasan volando.

Los valores que enseñaste residen en nuestra alma.

Permite que existan las lecciones de la vida para que amar a Dios sea nuestro objetivo.

Camina con nosotros, Señor, a través de la dureza de la vida.

Y suaviza toda las innumerables luchas.

Pido tu bendición de Dios para todos.

Especialmente desde que Él, en su grandeza, envió a Su hijo querido.

A mis lectores... benditos seáis todos.

Prólogo

A veces resulta muy difícil describirse a una misma, pero como muchos de vosotros sabéis, soy lo que la gente llama una «clarividente». Nací en Kansas City, Missouri, en 1936 y heredé mis dones de clarividencia de mi querida abuela y de una larga lista de antepasados, que se remonta a más de trescientos años atrás, que tenían esa facultad. En mi juventud fui estudiada varias veces por médicos y científicos, y todos llegaron a la conclusión de que yo poseía facultades paranormales muy claras. Me describieron con términos como «clarividente», «precognitiva», «clariaudiente», «profeta», «sensible» y «médium de trance». Aunque yo conocía, más o menos, las definiciones de esas palabras, puesto que era una mujer joven, en realidad no las conocía tan bien, sobre todo cuando estaban relacionadas conmigo. Simplemente pensaba que quizás estaba loca o mentalmente enferma.

Cuando era una niña, percibía cosas, veía cosas y oía cosas, que a veces me asustaban. De no haber sido por mi abuela, Ada, creo que me habría metido dentro de una concha y me habría encerrado allí, aislándome del mundo. Pero resultó que, gracias a los cariñosos consejos de mi abuela (y estoy segura de que para disgusto de mis padres), no lo hice. Era una niña muy traviesa, muy precoz, extrovertida, ruidosa, llena de energía, que hacía preguntas y hablaba sin parar. El hecho de hablar mucho hizo que me metiera en problemas con mucha frecuencia, ya que percibía cosas y simplemente se las soltaba a mis familiares, o incluso a extraños. En realidad no podía entender por qué mi padre enterraba el rostro entre las manos o por qué mi madre le decía a gritos que hiciera algo conmigo. Estoy segura de que para mi familia fue difícil criarme, porque yo estaba continuamente haciendo cosas que les avergonzaban. Es posible que algunos vieran mi comportamiento como «gracioso» o «encantador», pero también estoy segura de que otros me veían simplemente como un pequeño «bicho».

Cuando tenía ocho años, mi espíritu guía, Francine, se puso en contacto conmigo por primera vez. Oír las palabras «Vengo de Dios y no tienes nada que temer», cuando no había nadie allí, fue bastante aterrador, e inmediatamente corrí gritando hasta donde estaba mi abuela. A partir de ese momento, mi don de la clarividencia no me ha abandonado jamás y, a lo largo de los años, Francine me ha aconsejado y consolado en muchas ocasiones. Desde un principio me dijo que no me ayudaría con mis habilidades, ya que éstas debían desarrollarse solas, y hasta la fecha no me ha ayudado con mis lecturas privadas y tampoco a responder las preguntas del público o de los grupos cuando doy charlas.

Tomé consciencia por primera vez de mi habilidad como médium en la adolescencia, mientras asistía a una clase sobre hipnosis. Afortunadamente, me encontraba con algunos amigos de toda la vida a los que ya les había hablado de Francine. El profesor empezó a hacer un ejercicio grupal de hipnosis en la clase y yo me sumergí en él con toda facilidad. Entonces, Francine entró en mi cuerpo por primera vez. Se presentó rápidamente a mis asombrados amigos y les dio alguna información para que se convencieran de que ella no era yo. Cuando recobré la consciencia, mis amigos me informaron de lo que había ocurrido y me puse furiosa. Estaba confundida, enfadada y asustada, pero Francine se dirigió de inmediato a mí para tranquilizarme. Me explicó lógicamente que había tenido que hacerlo a fin de mostrarme mi habilidad para ser una médium en trance y que eso no era dañino de ninguna manera. Ella sabía que yo jamás le habría permitido hacerlo de otro modo. La verdad es que probablemente tenía razón, ya que yo estaba empezando a pensar que quizá estaba loca. Aquel día hicimos un pacto: que ella nunca volvería a entrar en mi cuerpo en trance sin mi permiso... y nunca lo ha hecho.

Como la mayoría de vosotros sabe, he escrito muchos libros sobre una serie de temas relacionados con la espiritualidad, con Dios y con lo paranormal. Gran parte de la información que aparece en esos libros me era desconocida hasta ese momento y proviene de los trances de investigación con Francine. A lo largo de los años, me ha dado información que yo he transcrito en miles de páginas. Una parte de esa información es muy controvertida y ha hecho que yo, al igual que otras personas, investigue extensamente para verificarla, puesto que siempre he sido lo que llamo una «escéptica de mente abierta». En la mayoría de los casos he podido verificar la información que Francine me ha dado. A veces no he podido hacerlo, por falta de documentación. He descubierto que, en muchas ocasiones, en el mejor de los casos, es una lotería, porque cuanto más atrás vas en el tiempo o en la historia, más oscura es la documentación. Te encuentras enfrentándote a leyendas, mitos, corrupción, falsedades, engaños y tradiciones. Así que no siempre ha sido fácil verificar la información. Gran parte de lo que creemos que es la verdad (histórica o de otro tipo) tiene tantos agujeros potenciales para la falsedad que a veces te rascas la cabeza preguntándote cómo pudo alguna vez considerarse verdad. Esto es especialmente relevante cuando estás investigando e intentando obtener confirmación sobre temas religiosos.

La religión es tan subjetiva y está tan saturada de creencias históricas que en muchos casos resulta difícil discernir y separar la verdad de la ficción. Si a esto le añadimos el hecho de que las principales religiones tienen historias sangrientas de corrupción y cismas y guerras santas, con diferentes sectas y facciones que surgen

y caen constantemente, tienes el proverbial lío confuso y desconcertante. Gracias a Dios, numerosos estudiosos, escritores e historiadores están interesándose de nuevo por las religiones, especialmente por el cristianismo. Con los nuevos descubrimientos que se
están haciendo en el campo de la arqueología y con la aparición
de libros como *El código Da Vinci,* de Dan Brown, ha habido un
renacimiento de muchas controversias que han quedado sin responder en el cristianismo y en otras religiones.

Teniendo en cuenta esto, cuando mi editor me llamó y me pidió que escribiera un libro sobre Jesucristo y su vida, me quedé
pasmada, incrédula y en silencio. Ya soy una persona polémica,
¿y ahora mi editor quiere que escriba un libro sobre nuestro Señor? Puesto que soy cristiana gnóstica, la mayoría de la gente me
considera herética; pero este encargo realmente iba a hacer que
aparecieran los críticos y los escépticos, y esta iba a acabar siendo
una tarea desalentadora y a menudo aterradora.

Entonces pensé un poco en mi vida. Había dedicado mi vida a
Dios y a sacar a la luz la verdad sobre nuestro Creador, intentando
ayudar a los demás a través de mis libros, mi asesoramiento y mis
conferencias. Sin duda, tengo mis defectos, pero he intentado vivir una vida buena ayudando a los demás todo lo que he podido.
¿Escribir este libro pondría en peligro todo lo que he intentado hacer por ellos? Por lo que sé y creo, tendría que contar la verdad tal
como yo la conozco, y esa verdad provocaría una controversia inevitable... pero, ¿no es ése el motivo por el que estoy aquí?

He dedicado mi vida a enseñar y a cuidar de los demás, a ayudar a las personas de cualquier manera que me fuera posible y lo
he hecho por Dios. Escribir sobre una figura sagrada como Jesucristo podría ser una locura por mi parte, pero sería una locura
incluso mayor no sacar a la luz la verdad sobre él y sus obras para
Dios, para que la gente pueda entender mejor sus enseñanzas y de
dónde venía él. Con esta finalidad, este libro contiene verdades ve-
rificables y, ahí donde la verificación no es posible, contiene información lógica y veraz proveniente de mi espíritu guía, Francine.

En los más de sesenta años que la conozco y que llevo trabajando con ella, jamás he descubierto que me mintiera en modo alguno, y su sabiduría y sus conocimientos provienen del Otro Lado.

En este libro encontrarás muchas cosas que te «sacarán de tus casillas», que te «moverán el barco» y que «te moverán el suelo»... En otras palabras, habrá muchas cosas sobre la vida de Cristo, que yo sé que son verdad, que desafiarán las enseñanzas tradicionales del cristianismo. Pero la verdad es la verdad y si te abres a ella puedes sentirla de una forma tangible dentro de tu alma. Si te cierras a la verdad o no la reconoces, serás esclavo de los poderes del engaño y la falsedad, y tu alma sufrirá espiritualmente. Cristo dijo: «La verdad os hará libres» (Juan 8, 31), pero tienes que *aceptar la verdad* para que te haga libre. Soy tan libre como un pájaro que vuela sobre los cuatro vientos... ¿Lo eres tú?

CAPÍTULO 1

Nacimiento y niñez

La vida de Jesucristo ha sido el tema de muchos más libros de los que se podría enumerar, y mucho menos leer. Lo que yo pretendo en éste es proporcionar datos reales, investigados de acuerdo con los últimos hallazgos de los estudiosos, además de información del Más Allá aportada por mi guía, Francine. En muchos casos son coincidentes y en algunos otros no; pero la información será presentada de una forma objetiva, para que el lector pueda sacar sus propias conclusiones. Gran parte de la información proveniente de Francine tiene más de treinta años de antigüedad y la he guardado en un lugar seguro hasta que llegó el momento adecuado para revelarla. Permíteme que haga en este mismo instante la siguiente aclaración, para evitar confusiones: *la información que se ofrece en este libro no pretende, en modo alguno, poner en duda jamás la divinidad de nuestro Señor.* Siempre he creído, y todavía creo, en la divinidad de Jesucristo y, en mi opinión, la información que aparece en este libro no representa una amenaza para ello.

Simplemente creo que es oportuno no sólo mostrar la verdadera historia de Cristo y de su misión, sino también cómo vivió y murió, así como el verdadero mensaje que quería transmitir. Al narrar la vida de Cristo, no sólo hablaremos de los tres años de su vida que conoce la mayoría de la gente, sino que también tocaremos el tema de los «años perdidos» de Jesús y de otros años que nadie conoce.

Como digo siempre, tú, lector, puedes tomar lo que quieras y dejar el resto, pero procura mantener una mente abierta acerca de lo que voy a contar sobre Nuestro Señor. Creo verdaderamente que muchos de los datos y las investigaciones respaldarán los conocimientos que voy a transmitir y, entonces, desde tu corazón y tu alma, podrás hacer tus propias deducciones.

Empecemos por el principio... Cristo no nació en un pesebre. Es verdad que cuando él nació los romanos estaban haciendo un censo, y los pueblos y las ciudades estaban llenos de personas que tenían que registrarse de acuerdo con la ley. Pero a pesar del elevado número de habitantes, había habitaciones disponibles en las posadas para quienes pudieran pagarlas. José era descendiente directo de la casa real de David (Mateo 1, 1-16) y tenía que registrarse junto con su esposa, María, en Belén, que era llamada la ciudad de David. Tanto María como José pertenecían a familias judías reales y ricas y, en consecuencia, Jesús nació en una posada y no en un establo con animales yaciendo por ahí. Debes saber que, contrariamente a lo que muchas enseñanzas intentan inculcar, Jesús no provenía de una familia pobre y analfabeta.

La gente de Belén dio la bienvenida a María y José con gran fanfarria, pues el hecho de que estas dos familias reales se hubiesen unido para producir un heredero era un acontecimiento maravilloso. En aquella época, Israel estaba formado por una serie de pequeñas comunidades en las que las palabras viajaban con rapidez a través de los anunciadores y los juglares viajeros. La noticia del nacimiento de Jesús se propagó con rapidez, y la gente la recibió con entusiasmo. Muchos tenían la esperanza de que Cristo fuera el Salvador, porque las profecías de los antiguos profetas decían que un rey de linaje real los liberaría de la esclavitud de los romanos.

Cuando Cristo nació en la posada, corrió la voz de que posiblemente esas dos personas de la realeza habían traído al mundo al Salvador del que hablaba la profecía. ¿Tú crees que, tal como se describe en el Evangelio de Lucas, una familia campesina pobre habría sido admitida en el templo para presentar a Cristo tras su nacimiento, con el objeto de que fuera bendecido y santificado? No, porque para ser admitido había que hacer ofrendas y donar dinero. De manera que fue una familia real la que presentó a Cristo en el templo. Éste era un país de comunidades pequeñas y, como ocurre en todas las comunidades de personas semejantes, se mantenían unidas. Estas familias reales ricas hacían vida social entre ellas, se ayudaban unas a otras y se celebraban matrimonios entre ellas y, por ese motivo, todas se conocían. Afrontémoslo... nosotros no nos codeamos con la Reina Isabel, ni con los Hilton o los Rockefeller. Ellos se mueven en sus propios círculos. Esto que ocurre en la actualidad, también ocurría entonces.

Puesto que José pertenecía a un linaje real, no era pobre. Era un artesano experto al que acudían personas de todas partes para pedirle que diseñara y fabricara sus muebles. Debía de ser un honor para cualquier cliente comprarle un diseño magnífico a una persona de sangre real. Mi espíritu guía, Francine, dice que José tenía hasta treinta trabajadores expertos que le ayudaban a hacer y vender sus diseños.

Pero antes de continuar, vamos a entrar en el tema de la concepción de Jesús por parte de María. La premisa de que María dio a luz siendo virgen es defendida acaloradamente por los estudiosos de la Biblia. Los estudiosos liberales sostienen que el hecho de que una virgen diera a luz a Jesús es pura mitología basada en otras religiones paganas de la época. En la mitología griega, supuestamente, Zeus fecundó a la virgen Danae adoptando la forma de una lluvia de oro, y el resultado fue Perseo. Luego hizo lo mismo con la virgen Semele, utilizando un rayo, y el resultado fue Dionisio. Horus, un importante dios de la religión egipcia, nació de la virgen Isis y, por coincidencia, también se supone que nació en un establo. Mitra, el dios principal del mitraísmo, que fue una importante religión de Roma, fue concebido cuando Dios, en forma de luz, entró en una virgen. En la mitología fenicia, Mirra era una virgen que dio a luz a Adonis. Como puedes ver, la idea de nacer de una virgen no es nuevo y su mitología penetró en todas las culturas de la época.

Únicamente los evangelios de Mateo y Lucas mencionan que una virgen dio a luz, y los estudiosos afirman que ambos evangelios son posteriores al de Marcos y a las Epístolas de Pablo. Ni Marcos ni Pablo dicen que una virgen dio a luz. Muchos estudiosos se preguntan, ¿por qué no? Mateo basa su historia de la virgen en la profecía de Isaías (Isaías 7, 14), pero esa profecía expresa claramente que el nombre del niño sería Emmanuel, no Jesús. Muchos estudiosos creen que en realidad esa profecía se refiere a otro niño que aparece posteriormente en Isaías (Isaías 8, 3-4) y que no es una profecía relativa al Mesías. De hecho, como veremos más adelante, muchas de las llamadas profecías sobre el Mesías son muy dudosas y está clarísimo que han sido interpretadas erróneamente. No soy yo quien lo dice, sino los estudiosos de la Biblia. Pablo, en Gálatas (4, 4), dice: «*Pero cuando se cumplió el tiempo, Dios envió a su Hijo, **nacido de una mujer**, nacido bajo la ley, para que redimiese bajo la ley, a fin de que recibiésemos los plenos derechos de los hijos*». La mayoría de los estudiosos coincide en señalar que el mensaje aquí es que Jesús era un niño judío normal que había sido llamado por Dios. Si María hubiese sido verdaderamente virgen, ¿por qué no decirlo? En lugar de eso, Pablo utilizó el término mujer.

Como veremos a lo largo de este libro (así como en otros libros sobre Jesús), gran parte de la información sobre la vida de Cristo se basa en la Biblia. Después de todo, durante muchos años fue la única fuente de la que disponíamos, en la que había muchísimos relatos sobre al menos una parte de la vida de Jesús. Pero la mayoría de la gente no ha investigado mucho sobre la Biblia y sobre cómo surgió, de la misma manera que tampoco ha investigado cómo surgió el cristianismo. Muchos cristianos consideran que la Biblia es un libro sagrado y que es la palabra de Dios, pero como han señalado muchos expertos, la Biblia puede contener errores, contradicciones ¡y directamente falsedades!

Debemos recordar que, históricamente, la Biblia no tomó forma hasta el Consejo de Nicea en 352 d. C., unos trescientos años después de la vida de Cristo. Ahora bien, trescientos años es mucho tiempo, pero además debemos tener en cuenta también que fue recopilada por la Iglesia católica primitiva, y que fue corregida y reescrita, y que la Iglesia de la época eliminó lo que consideraba herético y manipuló la Biblia para que estuviera de acuerdo con sus propias ideas. ¡¿Te das cuenta de que incluso en la actualidad nadie sabe *quién escribió realmente* los cuatro evangelios del Nuevo Testamento?!

Los estudiosos de la Biblia creen que los evangelios de Mateo, Lucas y Marcos fueron escritos por la misma persona, porque el estilo y las historias se asemejan, y que el evangelio de Juan fue escrito por otra persona, porque el estilo es distinto y, además, añade otras partes de la vida de Cristo. No sé tú, pero yo me imagino a un pequeño monje, unos cien años después de Cristo, aproximadamente, escribiendo estas historias que actualmente conocemos como el Nuevo Testamento. No voy a escribir un largo tratado sobre cómo se escribió y se armó la Biblia; solamente voy a decir que, en lo que respecta al Nuevo Testamento, sus comienzos y sus escritos son altamente sospechosos y sumamente perjudiciales, y que fueron formulados y corregidos por la Iglesia católica primitiva. En otras palabras, como de costumbre, el hombre intervino y lo estropeó todo.

La Biblia fue escrita y corregida en una época de extrema ignorancia, en la cual, básicamente, la población general no había recibido una educación y era analfabeta. La Iglesia cristiana primitiva estaba también en aquella época en medio de su formulación, con continuas luchas internas y con la política entrando en juego, mientras los cristianos paulinos (aquellos que seguían las creencias de Pablo), los cristianos judíos (los que seguían las creencias del hermano de Cristo, Santiago) y los cristianos gnósticos (los seguidores de la premisa de la gnosis) rivalizaban por los puestos y el poder dentro de la estructura de la Iglesia. Todo esto provocó una crisis que finalmente se zanjó cuando el emperador romano Constantino adoptó el cristianismo paulino como la religión oficial romana, a principios del siglo cuarto.

Cuando los cristianos afirman que la Biblia es su fuente de verdad para hacer declaraciones extraordinarias como que una virgen dio a luz a Jesús, deben darse cuenta de que la gente de hoy en día, que ha recibido una educación (ya no nos enfrentamos a una población analfabeta), exige unas pruebas extraordinarias. El viejo adagio de que «si lo dice la Biblia, entonces debe de ser verdad» ya no convence a todos los seguidores. Los estudiosos de la Biblia han encontrado demasiados errores, falsedades y contradicciones en ella como para que siga siendo una fuente indiscutible y la *única* fuente de verdad. Se han hecho demasiados descubrimientos arqueológicos que respaldan sus hallazgos y que incluso vierten una nueva luz sobre la época de Cristo.

Yo no dependo de las investigaciones de los estudiosos cristianos, obviamente parciales, porque su trabajo está influido por sus creencias, y tampoco acepto el trabajo parcial de los escéptico o de los especialistas anticristianos. Siempre intento encontrar estudiosos más objetivos que no actúen de una forma interesada en un sentido u otro y que realmente estén buscando la verdad. En esta época, a veces son difíciles de encontrar.

Volviendo al hecho de que Cristo naciera de una virgen, Francine dice que no fue concebido por una virgen y que José fecundó a María. Argumenta, además, que esto no le quita divinidad a Jesús, porque en realidad Dios es el único que hace que la fecundación de cualquier niño sea posible y Él escogió a María para que fuera la madre de Cristo, su portavoz directo y su mensajero. Ésta es, probablemente, una deducción lógica a la luz del hecho de que todos escogemos a nuestras propias madres y a nuestros propios padres cuando nos encarnamos, y no tengo conocimiento de que haya constancia de que alguna virgen haya dado a luz. Francine afirma que los escritores de estos evangelios de Mateo y Lucas utilizaron la mitología de las vírgenes para hacer que el nacimiento de Cristo pareciera más divino y no querían que la mitología de las vírgenes que habían dado a luz en otras religiones sustituyera al nacimiento de Cristo.

De hecho, en cierto modo la Biblia confirma esto. Según Mateo y Lucas, se supone que María y José eran conscientes de la divinidad del niño que iba a nacer y también de que debían ponerle el nombre de Jesús. Ahora bien, si esto fue así, ¿por qué iban a cuestionar los actos de Cristo? En Lucas 2, 42-51, leemos que a la edad de doce años Cristo predicó en el templo a los maestros en una ocasión en que sus padres, María y José, lo habían perdido, y que luego lo encontraron predicando y lo reprendieron por su ausencia. Encuentro que los versos 49-50 son de lo más interesantes, especialmente cuando Jesús dice a sus padres que está ahí para ocuparse de los asuntos de su Padre y ellos no lo comprenden. ¿Por qué no iban a comprenderlo? ¿Acaso no sabían que él era el Mesías y un mensajero divino de Dios? Un ángel se lo había dicho a José en un sueño (Mateo 1, 18-24) y María se había enterado al ser visitada por el ángel Gabriel (Lucas 1, 26-38). ¿Ves ahora cómo la Biblia es incongruente?

Muchas religiones parecen querer tener un nacimiento inmaculado, sin la intervención de un hombre. En la época del nacimiento de Cristo, las mujeres eran consideradas menos que nada. Al parecer, las mujeres fueron elevadas cuando eso fue útil para los patriarcas de la sociedad, pero cuando no eran necesarias, eran consideradas impuras. Desde un punto de vista espiritual, siempre es la mano de Dios la que nos trae a la existencia. Venimos a una vida terrenal cuando necesitamos perfeccionarnos para Dios o, como en el caso de Cristo, cuando estamos en una misión para Dios.

El motivo por el cual José es presentado en la Biblia como una persona confundida es porque era mucho mayor que Maria y creía que ya no podía tener hijos. María tenía sólo dieciséis años y él estaba cerca de los cuarenta, que en aquella época se consideraba una edad muy avanzada. Si lo ves bajo esa luz, todos podríamos ser concebidos por la inmaculada mano de Dios para asegurarnos de que llegamos aquí a la Tierra para aprender. Si Dios quiere que ocurra, ocurrirá. A eso se le llama intervención divina.

Fíjate en Isabel, la hermana de María, que dio a luz a Juan el Bautista a una edad en la que supuestamente las mujeres ya han pasado la edad fértil. Juan nació unos seis meses antes que Cristo y era su primo. Con el tiempo se convirtió en el gran profeta y en la persona que bautizaba, que era la «voz que clama en el desierto». Juan anunció que Cristo era el verdadero mensajero y el Mesías. Tanto la familia de Cristo como la de Juan eran importantes en la comunidad debido a su linaje real, y muchos veían a Juan como el posible Mesías.

Según Francine, Cristo nació en el mes de junio. Los primeros cristianos habían señalado su nacimiento en diversas fechas, incluidos los meses de mayo y abril. Los padres de la Iglesia primitiva finalmente se decidieron por el 25 de diciembre porque ese era un día sagrado en el que los romanos celebraban a su dios solar, y además era su solsticio de invierno. Los romanos celebraban ese día como un momento de renacimiento y renovación, de modo que la Iglesia tomó una fiesta pagana y la cristianizó, como ha hecho en muchas ocasiones. Este no es más que un ejemplo que nos muestra que la Iglesia cambiaba las fechas, los momentos y los hechos para que encajaran con sus propios planes políticos y económicos. Trataremos detalladamente este tema más adelante.

La Biblia también nos habla de la visita de los reyes magos y de la estrella de Belén, y nos dice que los ángeles anunciaron a los pastores el nacimiento de Jesús. Una vez más, Mateo y Lucas nos ofrecen estas historias sobre el nacimiento, mientras que Marcos y Juan no dicen nada sobre el tema. En el Evangelio de Mateo oímos hablar de los tres reyes magos que llegaron de Oriente siguiendo una estrella y fueron a la corte del rey Herodes y le preguntaron: «*¿Dónde está el que ha nacido, el rey de los judíos? Porque hemos visto su estrella en el este y venimos a adorarlo*» (Mateo 2, 2). Ahora bien, Herodes estaba enfadado por esta noticia porque él era el rey de los judíos y no quería que ningún usurpador le quitara la corona. Él dijo a los reyes magos que encontraran a ese niño y que regresaran y le informaran de dónde se encontraba para que él también pudiera adorarlo; pero, como todos sabemos, su intención era deshacerse de él para que su supremacía no se viera amenazada. Los reyes magos salieron de la corte de Herodes y, siguiendo la estrella, llegaron a Belén (para realizar una profecía), donde encontraron al niño, Cristo, lo adoraron y le regalaron incienso, oro y mirra. A continuación, nos cuentan que los reyes magos y José recibieron mensajes en sus sueños: los reyes magos, que no debían regresar con Herodes, y José que debía huir a Egipto porque, si no lo hacía, Herodes mataría a Jesús. Según Mateo, José y María huyeron con su hijo a Egipto.

Ahora bien, aquí volvemos a encontrar una contradicción en la Biblia. En el Evangelio de Lucas, José y María llevan al niño al templo para que sea bendecido y santificado, y luego regresan a Nazaret. En el Evangelio de Mateo, los tres huyen a Egipto por temor a la ira de Herodes. No es posible que estén en dos lugares al mismo tiempo, así que, ¿cuál de los evangelios es el correcto? Y no sólo eso, sino que además, si realmente llevaron al bebé Jesús al templo, ¿no se habría enterado Herodes, especialmente si tenemos en cuenta que estaba buscando al niño? Lucas dice que después de la purificación del templo regresaron a la ciudad de Nazaret en Galilea y que Cristo creció, sin hacer ninguna mención de que se hubieran ido a Egipto para esconderse de Herodes. Ahora, puesto que Herodes no murió hasta casi cuatro años más tarde, ¿por qué Lucas ni siquiera menciona que Herodes fuera un peligro para el niño Jesús? ¿Fue esa historia de Mateo una invención absoluta de los hechos para que la profecía pudiera ser manipulada para ser aplicada a Cristo? Muchos estudiosos creen que así fue.

Mateo afirma concretamente que Herodes mató a todos los niños de dos años de edad, o menores, en Belén, con la esperanza de destruir al recién nacido «rey de los judíos» (Mateo 2, 16). Este acto supuestamente era la realización de otra profecía. Mateo luego declara que un ángel visitó a José en un sueño mientras estaba oculto en Egipto y le dijo que regresara a Israel (para cumplir otra profecía) porque Herodes ya había muerto. Entonces él llevó a María y a Cristo a Nazaret (para cumplir una profecía más), donde Cristo creció. Ahora bien, parece claro que el Evangelio de Mateo fue escrito con la evidente intención de cumplir una profecía judía referente al Mesías, porque habla de cada profecía tal como ocurrió. El Evangelio de Lucas no hace esto, y su narrativa es mucho más serena.

Lucas no menciona la estrella de Belén ni dice que los reyes magos estuvieran presentes en el nacimiento de Cristo, sino únicamente los pastores, a quienes los ángeles se aparecieron para anunciarles el nacimiento de Cristo con una luz celestial. Mateo no dice nada de que los ángeles anunciaran el nacimiento a unos pastores (quizás porque no había ninguna profecía que dijera que los ángeles proclamarían su nacimiento). Estos dos diferentes relatos sobre el nacimiento de Cristo y los años posteriores entran en conflicto, especialmente en lo referente al papel de Herodes y el peligro que representaba para Cristo. Parece probable que si el rey Herodes hubiera querido matar a Jesús, podría haberlo hecho en cualquier momento durante sus primeros cuatro años de vida. La ciudad de Nazaret estaba aproximadamente a cien kilómetros de distancia de Jerusalén, mientras que Belén estaba muy cerca, de manera que cualquiera de los dos lugares se encontraba a una distancia al alcance de Herodes.

Como verás, éste es quizás el primero de los muchos relatos contradictorios sobre Cristo en el Nuevo Testamento. Son estas contradicciones las que crean la posibilidad de que lo que ahí se dice no sea verdad y que se trate directamente de una invención, lo cual los estudiosos están señalando constantemente. ¿Podemos confiar en estos relatos bíblicos cuando aparentemente dan versiones distintas que se contradicen unas con otras? Los estudiosos que defienden la Biblia utilizan continuamente el argumento de la «omisión» en su defensa. En este caso, podían decir que Lucas simplemente omitió la parte sobre Herodes y sobre la huida de José y María a Egipto. Este tipo de argumentos pone a prueba nuestra credulidad, porque la «omisión» es muy importante y significativa.

Francine dice que el Evangelio de Lucas es bastante preciso y que en esta sección de Mateo hay, ciertamente, una invención con la finalidad de que se cumpla la profecía. En otras palabras, quienquiera que escribiera esa parte del Evangelio de Mateo se inventó completamente la historia sobre Herodes y la huida a Egipto. Ella dice que hay partes de ambos relatos que son incorrectas, pero que el relato de Lucas narra de una forma más exacta lo que realmente ocurrió. Francine afirma que había una supernova en el cielo en el momento del nacimiento de Cristo y que muchos vinieron a adorar, a rendir homenaje y a llevar regalos al niño (un poco como se hace en la actualidad con los bebés). Según ella, los tres reyes magos eran en realidad tres comerciantes acaudalados de la zona circundante y ningún ángel proclamó el nacimiento de Jesús a los pastores. También cuenta que Cristo sí fue llevado al templo para ser bendecido y santificado, de acuerdo con las leyes y costumbres judías.

En los evangelios se habla muy poco de la infancia de Jesús. El Evangelio de Lucas nos ofrece un relato en el que Cristo da lecciones en el templo a la edad de doce años, pero eso es lo único que se cuenta en cualquiera de los evangelios. La historia de Jesús enseñando en el templo confirma lo que escribí antes y es otro ejemplo de cómo lo veían sus contemporáneos y de cuánto lo apreciaban. ¿Tú crees que iban a dejar entrar al templo a un niñito pobre aunque fuera para escuchar a los ancianos, y mucho menos para impartirles enseñanzas? Por supuesto que no, pero Cristo era de un linaje real y pertenecía a una familia acaudalada y, por lo tanto, lo habrían tratado con cierta deferencia y le habrían permitido entrar en el templo. Como dije anteriormente, cuando sus padres lo encontraron y él les dijo: «Debo ocuparme de los asuntos de mi Padre», ellos no lo comprendieron. Pero eso demuestra que Cristo sabía de alguna manera que iba a ser un líder y un maestro de los hombres. Debes tener en cuenta que estos eran los sabios, los teólogos del Sanedrín (los legisladores de Israel) y que escucharon con absorta atención a un niño de ascendencia real que les estaba transmitiendo enseñanzas. Cualquier otro niño habría sido considerado un pobre chaval mendigo, desobediente y pretencioso, y habría sido expulsado por el consejo sagrado. Ellos no habrían podido, ni habrían querido, echar a un niño de sangre real.

Incluso entonces, Jesús estaba intentando transmitir la auténtica verdad al Sanedrín. El Evangelio de Lucas dice que tenía doce años cuando ocurrió este incidente, pero mi guía me asegura que tenía unos diez años. No creo que esto sea importante, excepto porque muestra los conocimientos que Jesús tenía incorporados y que él sabía que estaba cumpliendo una misión para Dios. Esto es muy evidente en su declaración, antes mencionada, sobre los asuntos de su padre. Ciertamente, se refería a Dios, y no a José.

Antes de este incidente en el templo, Jesús era como cualquier niño judío normal, que ayudaba a su padre trabajando en un gran recinto para hacer muebles. Puesto que era un niño, jugaba con sus hermanos y con sus dos hermanas, y con otros amigos y familiares, como su primo Juan, quien más tarde se convertiría en el Bautista. Entre los amigos con los que jugaba se encontraba María Magdalena, a quien Jesús conocía de pequeño porque ella pertenecía a otra familia bastante rica. Jesús y Magdalena en realidad fueron «novios» en la infancia, aunque a esa edad se trataba de un amor inocente. Más adelante explicaré cómo María Magdalena fue confundida con María de Betania y calificada de ramera.

Hubo una historia horrible que circuló durante un tiempo, de que Jesús disparaba a los pájaros con una honda para divertirse.

Esto no es ni siquiera razonable en una entidad creada por Dios como mensajero directo. Francine dice que Jesús encontró un pájaro herido, con el ala rota, y lo curó. Ésa fue la primera vez que utilizó sus poderes sanadores. Francine dice también que, siendo niño, Jesús curó a un perro que tenía la rabia. Esto no pareció sorprender a nadie, porque todos sabían, por conocimiento infuso o por observación, que era un niño que había sido bendecido por Dios.

Mientras Jesús crecía, se le permitió tener tutores y fue en varias ocasiones al templo para aprender la ley ritual judía y la lengua hebrea, pero él, como la mayoría de la gente de la zona, hablaba y escribía en arameo. Cuando la educación que los tutores le daban a Jesús fue aumentando, no sólo sobre leyes y tradiciones judías, sino también en otros temas y filosofías, él empezó a sentirse cada vez más inquieto. Aunque ayudaba a su padre en el negocio de los muebles y estaba aprendiendo el oficio de la carpintería y la fabricación de muebles, Jesús sabía que estaba destinado a algo más.

Francine dice que entre las edades de catorce y quince años, Jesús dijo a sus padres que quería viajar a otros países y estudiar sus religiones. Ni a María ni a José les entusiasmó esta idea, pero Jesús insistió en que era necesario para lo que tenía que hacer. Ellos aceptaron a regañadientes y lo enviaron con dos de sus trabajadores y dos de sus hermanos, Santiago y Juan, y le dieron una buena provisión de dinero. En aquella época, no era inusual que los adolescentes asumieran responsabilidades de adultos. A menudo, las mujeres se casaban muy jóvenes y empezaban a tener hijos porque la duración de la vida era muy corta. Los muchachos se hacían hombres muy rápidamente y empezaban a trabajar para ayudar a mantener a sus familias, o incluso formaban las suyas propias.

Así pues, llegamos al final de la etapa de infancia de la vida de Cristo, y Jesús entrará ahora en un período de viajes y aprendizaje en preparación de lo que había de venir. Este período ha sido denominado, durante mucho tiempo, «los años perdidos de Jesús», pero es posible que fuera el período más gratificante y feliz de su vida. Fueron los años en los que adquirió la gran base de sabiduría y filosofía que ofrecería en sus enseñanzas, las cuales, como todos sabemos, cambiaron el mundo.

CAPÍTULO 2

Los años perdidos de Jesús

¿Te imaginas lo aterrador que debe de haber sido para Jesús dejar su hogar a los catorce o quince años y salir a explorar el mundo? Aterrador y estimulante, porque ahora él podía expandir sus horizontes más allá de Nazaret y Belén, y de la ciudad de Jerusalén. Ya no estaría sumergido en el aburrimiento cotidiano de una ciudad pequeña como Nazaret, realizando un trabajo, en el negocio de muebles de su padre, que Jesús sabía que no era para él. Partió a una gran aventura, sabiendo dentro de sí que tenía que aprender y reunir toda la información posible de las diversas culturas y personas que conocería a lo largo del camino.

Pero, antes de entrar en el tema de los viajes de Jesús, vamos a comentar algo sobre Cristo de lo que en realidad ni los teólogos ni los estudiosos han hablado: sus facultades psíquicas. ¿No te parece interesante que nadie en el mundo académico ni en el de la teología haya sacado a relucir esta idea? Tanto si es porque sienten que serían ridiculizados por sus colegas, como si, en el caso de los teólogos, se debe a que serían calificados de herejes, en realidad no importa: el hecho es que nadie ha tratado realmente el tema y el mero sentido común deja muy claro que Cristo debía de tener algunas, o muchas, habilidades o talentos psíquicos.

Puesto que yo misma soy clarividente, quizás pueda reconocer, más que la mayoría de la gente, la manifestación externa de las habilidades psíquicas. Para mí, está absolutamente claro que Cristo poseía poderes psíquicos. Muchos estudiosos y teólogos no reconocen estas manifestaciones de habilidades psíquicas o tienen miedo de sacar ciertas conclusiones sobre ellas y, por lo tanto, jamás las mencionan en sus estudios. Pero la realidad sigue siendo que hay indicios abrumadores en los escritos sobre Jesús que indican que tenía habilidades psíquicas.

En primer lugar, los actos de Cristo en su vida indicarían enfáticamente que debía de tener algún tipo de comunicación con Dios. Francine dice que él era clariaudiente, que era capaz de oír a Dios y de hablar con Él directamente, y que Dios contactó por primera vez con Jesús cuando él tenía cuatro años. (Ahora bien, los escépticos que hay por ahí podrían decir que ya estamos otra vez con lo mismo y que si Cristo hubiese oído una voz probablemente hubiese sido esquizofrénico.) Resulta interesante que los estudiosos y los teólogos no tengan ningún problema con el aparentemente interminable desfile de profetas que traen la palabra de Dios a lo largo de todo el Antiguo Testamento. Esos profetas incluso son citados ampliamente en evangelios del Nuevo Testamento, como el de Mateo. ¿Cuestionamos que esos profetas recibían su información de Dios? No, no lo hacemos; simplemente aceptamos a esos profetas como parte de la historia y *damos por sentado* que su información provenía de Dios.

Entonces, ¿qué es un profeta? Un profeta es una persona que predice acontecimientos del futuro o transmite mensajes de una divinidad. En la terminología de hoy en día, esa persona sería un clarividente, un vidente, un médium o un clariaudiente. Los adivinos, los videntes y los oráculos, todos ellos entrarían en la definición de profetas, porque ellos predecían acontecimientos futuros. Figuras religiosas como Buda o Mahoma también serían llamados profetas, porque traían mensajes de un poder superior o una divinidad.

Llamar a Cristo profeta no sería erróneo, porque él predijo acontecimientos futuros, como en su Pasión, pero en realidad era más un médium y un maestro. Él sanó a muchas personas con sus habilidades psíquicas de sanación mediante la imposición de sus manos y sus milagros de sanación se cuentan en muchas partes del Nuevo Testamento. También sabemos que era clariaudiente, no sólo por sus actos, sino porque tenemos conocimiento de su conversación con Dios en el jardín de Getsemaní, en la cual le pidió a Dios que le quitara la carga de su Pasión. Dios debe de haberle respondido, porque Cristo dijo: «Hágase tu voluntad». Hasta el momento tenemos a Cristo manifestando al menos tres habilidades psíquicas distintas: clarividencia (prever el futuro), sanación y clariaudiencia (oír a Dios).

También nos enteramos de que Cristo caminó sobre las aguas, calmó el mar en medio de una tormenta, convirtió unos pocos peces y panes en muchos, congregó peces en las redes, convirtió el agua en vino, hizo que los muertos se levantaran y realizó una multitud de milagros más. Ciertamente, hay aquí una combinación de habilidades psíquicas y físicas, pues es evidente que Jesús es capaz de manipular los atributos físicos de la naturaleza y la estructura molecular de la materia.

Si, como dice la Biblia, esos milagros atribuidos a Jesús tuvieron lugar, entonces tenemos a un ser que no sólo manifestó unas habilidades psíquicas como ningún otro en la historia, sino que además parece que recibió poder de nuestro Creador divino para ayudarle en su misión. El único problema que aparentemente tenemos no viene de Jesús, sino de las obras y las manipulaciones del hombre, porque como nos preguntamos antes: ¿podemos confiar en los relatos de la Biblia?

Me parece un tanto irónico que las mismas personas (los primeros cristianos) que querían que el mundo creyese en la divinidad de Cristo fueran también las que pusieron en peligro esa divinidad más que cualquier otra persona al corregir, manipular y omitir cosas en las escrituras del Nuevo Testamento, lo cual despierta dudas en cuanto a su autenticidad y su verdad. Y a esto se suma una Iglesia que quizás tiene una de las historias más sangrientas y corruptas conocidas por el hombre en su búsqueda e implementación del poder y el control. Sé que he dicho esto varias veces, pero si Cristo viniese a la Tierra ahora mismo, no creo que querría llamarse cristiano. Éste es un comentario triste para nuestro maravilloso Mesías.

Cristo y su pequeño séquito se unieron a una caravana de comerciantes y partieron primero hacia la zona que actualmente llamamos Turquía. Dicho sea de paso, cuando visité Turquía descubrí que los turcos discuten contigo si niegas el viaje de Jesús a Ankara, por donde al final volvió a pasar más adelante en su vida. Ankara me pareció un lugar muy sagrado, más sagrado que la mayoría de las iglesias en las que he estado, porque Jesús había estado ahí. Los cristianos turcos también creen por completo en la Anatola (la Madre Dios) e incluso sus alfombras la muestran en un simbolismo, con las manos en las caderas.

En Turquía, Jesús estudió en Bizancio (posteriormente conocida como Constantinopla y actualmente como Estambul), su capital. Éste era un lugar de reunión para estudiosos, comerciantes, artesanos y teólogos, y es donde Jesús conoció por primera vez las diversas tendencias del gnosticismo. Mientras predicaba, Cristo era un buscador de conocimiento y sabiduría, y en sus viajes aprendía ávidamente tantas filosofías como le era posible. Francine dice que durante su estancia allí estuvo viviendo en una especie de villa, utilizando el dinero de los fondos familiares. La imagen de un hombre pobre, indigente (lleno de polvo y sucio), simplemente no tiene ninguna base real. Cristo vestía ropas finas y viajaba con un séquito de familiares y ayudantes. Comía en las mejores mesas y estudiaba con eruditos persas y árabes. Poseía una mente fotográfica y lo asimilaba todo. Mientras estuvo en Bizancio, se hizo amigo de un escriba que puso por escrito los pensamientos y las meditaciones de Jesús.

Francine dice que Jesús se quedó en Bizancio sólo unos pocos meses, pero incluso entonces parecía reunir a multitudes de gente a su alrededor. Debes tener en cuenta que en los países orientales están habituados a santos o profetas que van y vienen, especialmente si están realizando su propio viaje o misión. Incluso en la actualidad, muchos faquires (hombres santos) viajan por la india, de pueblo en pueblo, transmitiendo su sabiduría y viviendo de las limosnas que les dan. Jesús atraía a la gente por su carisma y su sabiduría innata, y aunque aún era muy joven, por lo visto siempre impresionaba a las personas que había a su alrededor.

Su búsqueda de conocimiento, combinada con el ímpetu de la juventud, le incitaron a viajar al Lejano Oriente. Francine dice que Jesús se fue de Bizancio y continuó hacia el este, pasando por la región de Anatolia, en Turquía, donde asimiló la filosofía sobre la Madre Dios; luego prosiguió por el sudeste hacia lo que entonces se conocía como Mesopotamia (Irak) y la ciudad de Babilonia. De Babilonia se fue a lo que en aquella época se conocía como Persia (Irán) y avanzó hacia el este, pasando por Afganistán, hasta llegar a la antigua India. Puesto que tenía dinero, se aseguraba el paso en caravanas de comerciantes para así tener protección y las mejores rutas hacia la India.

Francine dice que Jesús permaneció en la India cerca de diez años, estudiando con los brahmanes de la religión hindú y también con monjes budistas. Mientras estuvo en la India viajó a zonas de Cachemira y el Tíbet buscando profesores y maestros del más alto nivel posible para sus estudios. Después de algunos años, envió a sus hermanos de vuelta a Israel con el mensaje para sus padres de que se quedaría estudiando durante un período de tiempo prolongado. Ellos mostraron una gran resistencia porque Santiago, que estaba muy unido a Jesús y que además era muy sensible, sabía con toda certeza que el camino de Cristo iba a estar lleno de dolor, sufrimiento y escepticismo. Jesús los convenció a medias de que tenían que irse porque él debía cumplir su misión y eso estaba en las Escrituras, y también los convenció de que se les necesitaba en casa y que podían ayudar más cuidando de su familia. De modo que Santiago, Juan y sus sirvientes regresaron a Israel, sabiendo que Jesús se quedaría para estudiar y prepararse para lo que tenía que hacer.

Francine dice que mientras Santiago estuvo con Jesús tomó notas y que documentó, hasta cierto punto, sus viajes en un cuaderno o diario. Dice también que en algún momento, en un futuro no muy lejano, algunos de estos escritos serán descubiertos por los arqueólogos, de la misma manera que la National Geographic Society descubrió recientemente el Evangelio de Judas.

Francine dice que Jesús se sentía atraído por estas filosofías orientales por su sabiduría sencilla y sus enseñanzas de paz, y que sus hermanos se inclinaban más a ser escépticos porque habían incorporado las ideas de la rebelión judía contra los romanos. Tal como nos cuenta la historia, más adelante esas diferencias fueron evidentes cuando Santiago y Juan se hicieron miembros de los Cristianos Judíos y Santiago se convirtió en su jefe, pero trataremos este tema más adelante.

Mientras estuvo en la India y en las zonas colindantes, Cristo atrajo a multitud de seguidores otra vez. Según Francine, durante su estadía en la India tuvo varios discípulos y una muchedumbre solía reunirse para escuchar a aquel hombre joven, pero aparentemente sabio, de Israel. También fue en esta época cuando Jesús se volvió mucho más ascético en su forma de vida para concentrarse en sus estudios. Se mezclaba con los pobres e incluso realizó algunas curaciones.

A diferencia de la Biblia, que dice que el primer milagro de Jesús fue en la fiesta de la boda de Caná (cuando convirtió el agua en vino), Francine afirma que su primer milagro fue cuando curó de la lepra a un niño en la zona que actualmente se conoce como Calcuta, en la India. Esto no produjo un gran asombro en un país que, tanto en aquella época como ahora, está habituado a ver a profetas u hombres santos levitando, sanando y transmitiendo conocimientos espirituales. Muchos de los hombres santos de la

India han realizado ese tipo de actos. Francine dice que Jesús fue dirigido por Dios para hacer esto, ya que fue una especie de bautismo de fuego para lo que había de venir.

Mientras estudiaba y aprendía, sus viejas enseñanzas judías de un Dios vengador y atemorizador se convirtieron en las de un Dios amoroso y compasivo. Aunque las religiones más pasivas del hinduismo y el budismo le atraían, Jesús no podía reconciliar su creencia absoluta en un Dios verdadero con todas sus enseñanzas. Sí aceptó la filosofía de la reencarnación y también muchos de los conceptos llenos de amor de ambas religiones. Además, aprendió a comunicarse al nivel de sus oyentes... contando historias y parábolas para hacer que su mensaje llegara a los pobres y a los analfabetos, en lugar de predicar un dogma que no podían comprender. Esta sabiduría le sirvió durante el resto de su vida.

Para aquellos de vosotros que creen que esto es pura fantasía, os tengo reservada una gran sorpresa. Hay montones de textos de estudiosos orientales que indican que Cristo ciertamente estuvo en la India y en las áreas colindantes en aquella época. Las diferentes culturas de los pueblos le pusieron muchos nombres: «Issa», «Isa», «Yuz Asaf», «Budasaf», «Yuz Asaph», «San Issa» y «Yesu». Muchos de estos textos señalan que era un profeta u hombre santo de otra tierra y algunos incluso indican que era de Israel.

En Cachemira, en la ciudad de Srinagar, hay dos monumentos fascinantes. En primer lugar, está el Roza Bal (o Razabal), que se supone que es la tumba de Jesucristo. Según las creencias de los que viven en esa zona, Cristo fue allí después de haber sobrevivido a la crucifixión y vivió hasta la edad de 120 años y fue enterrado en esa tumba. Además, en una gran colina de la cuidad llamada el Takhat Sulaiman (el Trono de Salomón) hay un monumento que tiene cuatro inscripciones, dos de las cuales todavía son legibles. Las inscripciones, sin embargo, fueron registradas y dicen lo siguiente:

El escultor de este pilar es Bihishti Zargar. Año cincuenta y cuatro.

Khwaja Rakun, hijo de Murjan, erigió este pilar.

En esa época Yuz Asaf se proclamó profeta. Año cincuenta y cuatro.

Él es Jesús, Profeta de los Hijos de Israel.

Ahora bien, estos monumentos son muy desconcertantes para los cristianos. Lógicamente, ellos se refieren al Cristo que regresó a esa zona después de haber sobrevivido a su crucifixión. Ahí reside el problema, ya que la fe cristiana cree que Cristo murió en la cruz. Incluso se supone que uno de los monumentos es su tumba. (Francine dice que la tumba no contiene el cuerpo de Jesús, porque en realidad él murió en Francia, pero que la gente de la zona lo veneraba tanto que creó una tumba simbólica). Aquí tenemos dos monumentos en una zona oscura de Cachemira que dicen categóricamente que Cristo no sólo sobrevivió a la crucifixión, sino que, tras ella, se fue a vivir allí. Ambos monumentos son muy antiguos y datan de la época de Cristo, pero, ¿debemos conjeturar precipitadamente que son un engaño elaborado? ¿Cuál sería, en nombre de Dios, la finalidad de crear una falsificación adornada cuando se cree que Cristo todavía no era siquiera conocido fuera de Israel? No fue hasta varios cientos de años después de su supuesta muerte que el cristianismo se convirtió en una religión popular. Los estudiosos cristianos no son capaces de dar una explicación razonable para la existencia de estos monumentos, mientras que los que creen que Jesús sí fue a la India dicen que forman parte de las pruebas de que sí fue allí, y otros estudiosos que creen que sobrevivió a la crucifixión dicen que son una prueba de su supervivencia.

Aunque las evidencias parecen ser muchas, no son los únicos indicios que existen de los viajes de Jesús. Hay muchos textos orientales que hablan de él y de su obra en el Lejano Oriente. También

TITLE: Perdonar cuando hemos sido abando
BARCODE: 39075051352976
DUE DATE: 08-03-16

TITLE: Buscando a Ala?, encontrando a J
BARCODE: 39075051441621
DUE DATE: 08-03-16

TITLE: Mis viajes con Epicuro [Spanish]
BARCODE: 39075043756060
DUE DATE: 08-03-16

TITLE: Los cinco niveles del apego : sab
BARCODE: 39075043925061
DUE DATE: 08-03-16

TITLE: Respuestas desde el silencio [Spa
BARCODE: 39075039168833
DUE DATE: 08-03-16

TITLE: La vida mística de Jesús   [Spani
BARCODE: 39075040559772
DUE DATE: 08-03-16

TITLE: Espejos del tiempo [Spanish langu
BARCODE: 39075043875480
DUE DATE: 08-03-16

es interesante señalar que una de las más grandes religiones del mundo, el Islam, venera a Cristo como un profeta y mensajero de Dios. Los musulmanes creen que sobrevivió a la crucifixión y no murió en la cruz. Ciertamente, no puedo hacer referencia aquí a todas las fuentes, porque son demasiadas, pero si quieres más información sobre esa época de la vida de Cristo puedes empezar leyendo los siguientes libros: *The Jesus Mystery*, de Janet Brock, *Jesus Lived in India*, de Holger Kersten, *The Unknown Life of Jesus Christ*, de Nicholas Notovich y *A Search for the Historical Jesus*, del doctor Fida Hassnain.

Seamos lógicos al respecto. ¿Por qué iban a hacer referencia a Jesús estos textos del Lejano Oriente, a elogiarlo y a hablar de este maravilloso profeta y maestro de Israel y la Tierra Santa si nunca lo habían visto? ¿Por qué iban a inventar un personaje de ficción como éste? La religión del Islam todavía no existía, de modo que no había ningún plan de promocionarla o de intentar minimizar la importancia de la divinidad de Cristo. La fe del cristianismo recién estaba comenzando y en aquella época no tenía ningún alcance o influencia, y el hinduismo y el budismo eran religiones pacifistas que estaban limitadas al Lejano Oriente. La lógica pura simplemente indica que no había ningún engaño o ficción y que esos escritos eran ciertos.

Esos textos antiguos del Lejano Oriente no han sido ignorados por los estudiosos, pero han sido suprimidos y/o ignorados por muchos estudiosos cristianos y por la Iglesia. ¿Por qué?, te preguntarás. Para perpetuar el dogma que la Iglesia católica y otras iglesias cristianas han difundido durante siglos. ¿Te imaginas cómo sacudiría al cristianismo la verdad sobre la supervivencia de Cristo a la crucifixión y el hecho de que no ascendiera al Cielo? El mundo cristiano se hundiría en la tristeza, pero no porque ello afecte en modo alguno a la divinidad de Cristo, sino porque su Iglesia había ocultado la verdad.

Del mismo modo que la Iglesia ha ocultado su influencia en la composición del Nuevo Testamento, esto parece extenderse también a la vida de Cristo y a cómo vivió y murió. Mientras avanzamos por la vida de Cristo, verás los notorios agujeros de falsedades sobre él, perpetuadas por la Iglesia, que salen a la superficie de tanto en tanto. Gran parte de esto es atribuible a Pablo, el autoproclamado apóstol, y al hecho de que la Iglesia adoptara el «cristianismo paulino». Aunque Pablo nunca conoció a Cristo y jamás fue testigo de ninguna parte de su vida, él «interpretó» lo que Cristo quería decir y cómo vivió su vida. Es Pablo el que dice que Cristo ascendió al Cielo (respaldado por la corrección de los evangelios por parte de la Iglesia), y es Pablo el que introduce todo el concepto de expiación (morir por nuestros pecados). Cristo no dijo nada sobre la expiación, pero Pablo lo presentó a las masas como su propia interpretación y desde entonces se ha convertido en un arma para la culpa. En mi humilde opinión, el mayor error de la Iglesia católica fue seguir el ejemplo de Pablo. Un gran error.

Otro aspecto del carácter de Jesús, según mi guía, Francine, es el hecho de que en esta época de su vida era básicamente un solitario. Aunque amaba a su madre, en sus parábolas habla más de la figura del padre. Jesús fue siempre el hijo pródigo por su devoción a Dios Padre. Amar a su Padre del Cielo a la edad de catorce o quince años probablemente fue lo que lo colocó en su camino. Algunos autores piensan que Jesús, que era el hijo mayor, abandonó a su madre para poder viajar después de la muerte de su padre, José. Yo no creo que esto sea cierto. Aparentemente, María tenía suficiente dinero y los otros hermanos de Jesús continuaron con el trabajo. No sería realmente un mesías espiritual si hubiese abandonado a su madre siendo ella una viuda necesitada.

A través de sus parábolas, él deja ver que sentía compasión por la pobre viuda. Incluso habla de una madre que ha perdido una moneda de plata y enciende una lámpara y barre durante toda la noche hasta que la encuentra. Algunos teólogos creen que ésa era su culpa que salía a la luz por haber dejado a su madre. Yo no lo veo así, no sólo porque en sus enseñanzas Jesús da ejemplos de pobreza, de viudedad, de cómo confiar en tus sirvientes, etc., sino también porque simplemente estaba ofreciendo una visión de la pobreza que no existía en aquella época. Desde un punto de vista psicológico, la figura del padre está representada favorablemente porque Jesús se sentía más cómodo estando rodeado de hombres. Pero esto también podría deberse a que en aquella época las mujeres no tenían el estatus de los hombres. Aunque se sabe que Cristo daba a las mujeres un estatus más parecido al de los hombres, si te fijas detenidamente verás que la mayoría de las sanaciones que se le atribuyen en la Biblia son de hombres. Ahora bien, no es mi intención, en absoluto, retratar a Jesús como un misógino que no respetaba a las mujeres, pero la costumbre en esa época dictaba que las mujeres no eran tratadas como iguales a los hombres. Jesús fue criado en una cultura en la que hombres y mujeres no estaban en la misma situación, pero las defendió y fue más suave con las mujeres cuando fue haciéndose mayor.

Creo que este período de soledad durante sus viajes estuvo lleno de angustia y, en ocasiones, de desesperación. Siempre he creído (llámese intuición o mi habilidad clarividente) que él sabía lo que le ocurriría más adelante en la vida. Saber que uno es el Mesías o el elegido podría asustar a cualquiera. Esa época en la que estuvo viajando y aprendiendo cosas en otros países fue realmente una dicotomía para él porque por un lado se sentía feliz por estar conociendo nuevas filosofías, religiones y culturas, pero, por otro lado, sentía constantemente sobre sus hombros el peso de ser el Mesías.

La lucha interna dentro de él debe de haber sido difícil de soportar. Dos percepciones antagónicas se debatían en su interior: en el lado emocional, el miedo de lo que estaba por llegar y, sin embargo, el intelecto sabía lo que tenía que hacer y cuál era su destino. No estoy segura de que otra persona viva conociera su Carta como él la conocía. La mayoría de nosotros simplemente vive la vida ciegamente, con la esperanza de estar espiritualmente en el camino correcto. También estoy segura de que la parte humana de él se rebelaba contra su destino, porque Jesús sabía que estaba escrito y esa responsabilidad debía de ser una pesada carga para él. Así que, puesto que era el Mesías, tenía que aprovechar todo el aprendizaje posible, no sólo en la sinagoga, sino también en las zonas de Galilea, Nazaret, Belén y otras ciudades de la región, así como en otros países y culturas, con sus filosofías y religiones. Tenía que ser astuto respecto a la gente y al clima social y político, conocer las pautas económicas de la época y, aun así, saber que las cosas y las personas no cambian mucho. Por eso sus parábolas son intemporales. La gente no cambia mucho, sólo cambia su época y su topografía. Las personas continúan engañando, tratándose mal unas a otras, gastando su dinero y mirando por encima del hombro a los pobres y a las clases inferiores. Jesús sabía que tenía que aprender y hablar para todos los siglos. La verdad es la verdad y es inmutable, y no importa si se dice hoy o hace dos mil años.

En el libro *The Passover Plot,* de Hugh J. Schonfield, el autor está de acuerdo con parte de esto, especialmente con el amor que Cristo sentía por su Padre celestial. Pero el autor y yo estamos en desacuerdo sobre su aparente desatención a su madre. Es verdad que no se habla mucho de ella, pero ciertamente tampoco se dice nada sobre José. Estoy segura de que Jesús obtuvo información sobre la vida fuera de su casa porque se marchó siendo muy joven. Obviamente, era un gran observador y, a partir de la observación de otras personas en la vida familiar, o simplemente por las conclusiones a las que llegaba mediante la observación de otras personas durante sus viajes, tuvo una gran comprensión de cómo las personas reaccionaban unas con otras.

Yo misma, no sólo mediante la investigación, sino también al haber tratado con probablemente millones de personas en los cincuenta y tres años que llevo siendo clarividente, dando conferencias y haciendo unas veinte lecturas diarias, he descubierto que, con el tiempo, uno no puede evitar empezar a hacer un verdadero análisis estadístico. Incluso en más de medio siglo hemos visto que todavía existen los mismos intereses y problemas, y las mismas preocupaciones que han existido siempre, y así será hasta el final de los tiempos.

A la edad de veinticinco o veintiséis años, Jesús se fue de la India y viajó a Egipto. Mientras estuvo allí estudió los antiguos misterios egipcios y persas, y más enseñanzas gnósticas. Cuando hubo transcurrido aproximadamente un año, viajó a Qumrán y vivió y estudió con los esenios durante un tiempo. Fue también en esta época cuando retomó su relación con María Magdalena, con la que había mantenido contacto por carta. Mientras estuvo con los esenios, adoptó gran parte de su filosofía y, aunque no estaba de acuerdo con las facetas más conservadoras y ascéticas, sí se relacionó con miembros de la secta esenia que eran un poco más liberales, y los esenios lo consideraban uno de ellos. Antes se creía que los esenios vivieron únicamente en el área de Qumrán, pero descubrimientos arqueológicos recientes han revelado que tuvieron un recinto en el Monte Sión, en Jerusalén, y en otras varias zonas. Los esenios eran muy reservados y no permitían que los extraños entraran en sus comunidades. Más adelante veremos que Cristo se movía libremente dentro de estas comunidades esenias y que, por ese motivo, era aceptado como un esenio.

Quizás uno de los más grandes testamentos que se le podrían atribuir a Cristo sea el hecho de que, aunque conocía su destino, jamás se desvió de él. En *The Passover Plot*, Schonfield afirma: «Pero aprendiese lo que aprendiese Jesús, y fuese cual fuese la forma en que obtenía sus conocimientos, incluidas técnicas del arte de sanar, cultivado y practicado por las comunidades de "los Santos" [un grupo vinculado a los esenios], él siempre tenía delante de sí el destino para el que se preparaba. En último caso, él solo, solicitando seriamente la ayuda del Padre Celestial, debe penetrar en lo más recóndito de las sagradas escrituras y poner en orden las indicaciones de los Oráculos Divinos. El logro novedoso de Jesús fue trazar claramente el camino que el Mesías tendría que transitar. *Así estaba escrito*».

Esto realmente corrobora lo que Francine dijo hace más de treinta años: Jesús no sólo fue alguien que reunió conocimientos, sino que además los puso en términos razonables y en un lenguaje comprensible para un grupo de personas sin instrucción. En lugar de predicar la ley y la teología judías como los sacerdotes del Templo, él le hablaba a la gente en parábolas e historias que podían comprender y utilizar en la vida cotidiana.

Muchos estudiosos y personas no expertas hacen preguntas inevitables: ¿Quién era realmente Jesús? ¿Qué representa? ¿Era el hijo de Dios o el hijo del hombre? Yo creo que la confusión reside en lo que se llama la «Cristología». La mayor parte de los cristianos cree que Jesús es simultáneamente el Hijo de Dios y Dios hecho carne.

La mayoría de las otras religiones también venera a Jesús en diversos grados. Religiones orientales como el hinduismo y el budismo lo reconocen como un profeta y, como dije anteriormente, el Islam lo considera uno de los profetas de Dios más queridos e importantes. Los musulmanes no aceptan la divinidad de Cristo, ni tampoco la crucifixión: o bien dicen que no ocurrió, o que Jesús no murió en la cruz.

Francine dice que Jesús era una entidad especial que tenía una Carta como mensajero, para llevar a la humanidad una imagen verdadera de nuestra Divinidad como un Dios amoroso. Ella no desacredita a Buda o a Mahoma, sino que simplemente afirma que Jesús era un mensajero directo o la creación de Dios. Ella siempre ha dicho que todos somos hijos e hijas de Dios, pero que Jesús fue creado con una finalidad especial.

Nunca ha habido tanta controversia en torno a una figura como la de Nuestro Señor, y probablemente jamás la habrá. En ninguna otra cultura se ven teólogos peleándose, obsesionándose e investigando a ninguno de los otros mensajeros como lo hacen con Jesús. Esto se debe a que la Iglesia cristiana, desde el principio, ha sido muy imperfecta. De manera que facciones cristianas, con sus propias interpretaciones, tuvieron tantas luchas internas que ello provocó cismas que no se han solucionado hasta el día de hoy. El Nuevo Testamento y la Biblia no fueron unidos hasta casi trescientos años después de la supuesta muerte y crucifixión de Cristo, y los expertos dicen que al menos veintisiete libros, y algunos afirman que más de cuarenta, que deberían haber sido incluidos, no lo fueron. ¿Quién seleccionó y escogió lo que debía estar en la Biblia y lo que no? La Iglesia cristiana primitiva.

Para que podamos comprender la obra, la vida y la persona conocida como Jesucristo, primero debemos entender las fuentes de las que proviene la información sobre él. Si alguien te contara una historia sobre algo o sobre alguien, ¿acaso no querrías saber si la historia es cierta? ¿Acaso no querrías verificar la veracidad y la coherencia de la información que se proporciona en la historia? Ciertamente, eso es lo que hace la ciencia. A eso se le llama «prueba». Si no pides pruebas, básicamente estás aceptando rumores y confiando en que quien te contó la historia realmente está diciendo la verdad. Es ahí cuando nos encontramos con un gran problema, porque entra en juego el hombre y su predilección por el embellecimiento y la invención y, directamente, por la falsedad. Déjame que intente explicarte esto de una forma lógica y objetiva.

Intenta imaginarte en la época de la Iglesia cristiana primitiva. Tenemos esta nueva religión que, esencialmente, está siendo presentada a través de la palabra por doce apóstoles y unas pocas personas más. Ellos viajan a zonas de Judea y a diferentes tierras y países, predicando las palabras de Jesucristo. A medida que se van realizando conversiones a la nueva religión, sus miembros se convierten rápidamente en una mezcla de diferentes razas, grupos étnicos y culturas con diversas historias de otras religiones existentes en la época. En poco tiempo, la Iglesia primitiva se halla dividida en varias facciones principales... los «cristianos paulinos», que siguen las enseñanzas de Pablo, el autoproclamado apóstol que nunca conoció ni fue testigo de ninguna parte de la vida de Cristo; los «cristianos judíos», que siguen las enseñanzas y el liderazgo del hermano de Cristo, Santiago; los «cristianos gnósticos», que combinan el cristianismo con las teorías de la gnosis (principalmente de Egipto y Persia); y, por último, otros cristianos que siguen las enseñanzas básicas de Pedro y de algunos otros discípulos, y que, tras la muerte de Pedro, son rápidamente incorporados a la facción de los cristianos paulinos.

Estas facciones se enemistan casi de inmediato. Los cristianos paulinos se mantienen firmes en sus creencias pronunciadas de que Jesús era divino y era el hijo de Dios encarnado, que murió en la cruz por nuestros pecados y ascendió al Cielo cuarenta días después de su crucifixión. Los cristianos judíos, que incluían a muchos familiares de Cristo y estaban dirigidos por Santiago, tenían su sede principal en Jerusalén y se mantenían firmes en sus creencias de que Jesús no era un hijo divino de Dios, sino un mensajero o profeta de Dios. Esta creencia se debía a que él sobrevivió a la crucifixión y tuvo una muerte natural más adelante (¿quién podía conocer la verdad sobre su muerte, sino sus familiares?). Además, ellos creían firmemente en las leyes y costumbres judaicas e integraron las enseñanzas de Cristo en sus enseñanzas judaicas. Los cristianos gnósticos creían en la divinidad de Jesús, como mensajero especial de Dios, y creían que sus enseñanzas eran divinas. También creían que él no murió en la cruz y no creían en la ascensión. No aceptaban las leyes y enseñanzas judaicas y, en lugar de eso, utilizaban las enseñanzas de Cristo para aumentar las de la gnosis y los antiguos misterios.

Se inició una batalla por el control de la Iglesia cristiana primitiva, la cual duraría varios siglos. Sin embargo, el resultado fue inevitable, por varios motivos. El cristianismo paulino tenía su sede de gobierno en Roma y estaba enormemente influido por la dominación romana del mundo en aquella época. El cristianismo judío tenía su centro de poder en Jerusalén y estaba sumamente influido por el judaísmo y la ocupación de Israel por parte de Roma. Los cristianos gnósticos, que no tenían una verdadera base de poder, estaban principalmente en Egipto y Persia, y llegaban sólo a un número de personas limitado porque sus enseñanzas atraían principalmente a los estudiosos y a los hombres instruidos.

En los primeros años del cristianismo, los cristianos de Roma (cristianos paulinos) fueron seriamente perseguidos, mientras que a los cristianos judíos de Jerusalén se les permitió construir una iglesia. Los cristianos gnósticos básicamente se mantuvieron aislados o en la clandestinidad. En las siguientes centurias, los cristianos paulinos, aunque continuaron siendo perseguidos, empezaron a cooperar más con los romanos que gobernaban. Los cristianos judíos, sin embargo, debido a varias rebeliones judías, fueron prácticamente aniquilados por los romanos, y su iglesia y su Templo fueron destruidos. Los cristianos gnósticos estaban avanzando, con las iglesias egipcias coptas formándose mientras su filosofía de la gnosis se extendía, pero eran poco numerosos y, por tanto, con poco poder de influencia.

Finalmente, en el Consejo de Nicea en el año 325 d. C., el emperador Constantino convirtió el cristianismo paulino en la religión estatal de Roma y ésta se convirtió en la Iglesia católica Romana. Este acto fue sumamente importante y significativo, porque preparó el camino para el cristianismo tal como lo conocemos hoy, y también para la Biblia tal como la conocemos hoy.

Cada facción de los cristianos de los inicios tenía sus escrituras favoritas o los que ellos consideraban que eran los textos canónicos sobre la vida de Jesucristo. Al ganar la guerra, por así decirlo, los cristianos paulinos pudieron formular y adoptar sus escrituras favoritas y luego juntarlas corrigiendo, añadiendo, borrando y omitiendo cualquier texto preferido por las otras facciones. Ciertamente, en la Biblia faltan numerosos textos que merecían estar en ella. Los primeros cristianos paulinos la modificaron para sus propios propósitos y planes. Más adelante en la historia, la formación de la Iglesia Anglicana de Inglaterra hizo que la Biblia fuese modificada todavía más y el resultado fue la versión *«King James»* de la Biblia.

Prácticamente todos los estudiosos serios de la Biblia reconocen el hecho de que los primeros cristianos la corrigieron, la copiaron y le quitaron y añadieron cosas. ¿Cómo podemos confiar, entonces, en que el Nuevo Testamento de la Biblia es la fuente legítima de la verdad sobre Jesucristo? La respuesta es que en realidad no podemos confiar en ello, pero en estos momento, es nuestra principal fuente de información sobre Cristo, porque las otras fuentes de las que disponemos son muy escasas. Sí, tenemos información de los textos gnósticos que fueron descubiertos en Nag Hammadi, Egipto, en 1945, del recientemente descubierto Evangelio de Judas y de algunos otros textos, como los Manuscritos del Mar Muerto, pero la información es limitada y además está luchando por obtener reconocimiento frente a casi mil setecientos años de creencia tradicional en la Biblia.

Teniendo esto en cuenta, cuando nos adentremos más en la vida y las obras de Cristo verás que cuestiono ciertos aspectos relacionados con él que aparecen en la Biblia. No lo hago para criticar a la Biblia, sino para señalar las discrepancias y los posibles errores de los cuatro evangelios aceptados, que no dan una imagen precisa de Cristo o de su vida. Mi responsabilidad como escritora de presentar la verdad supera ampliamente cualquier consideración por las «creencias tradicionales» o las falsedades históricas que han sido perpetuadas por la religión por sus propios motivos convenientes. A las personas que quieran profundizar más en la historia de cómo se armó la Biblia cristiana, les recomiendo el ensayo de Richard Carrier, *The Formation of the New Testament Canon*. Puedes encontrarlo en una página web un tanto polémica: www.infidels.org. En realidad, simplemente estoy intentando ofrecer a mis lectores la imagen más clara y precisa posible de Jesucristo, sus obras, su misión y su vida. Luego es el lector el que debe decidir lo que quiere hacer con esa información.

CAPÍTULO 3

Su bautismo y la reunión de los discípulos

Jesús estudió con los esenios durante casi dos años y les habló de sus viajes y sus experiencias en el Lejano Oriente. Compartió con ellos gran parte de lo que había aprendido sobre la sanación, la meditación y la filosofía oriental. Puesto que los esenios eran una secta secular, no viajaban mucho, y gran parte de la información y los conocimientos que Jesús les transmitió era nueva y emocionante para la mayoría de ellos. Los esenios eran gnósticos en muchos sentidos. Debatían continuamente las nuevas filosofías e ideas, y eran muy hábiles escribiendo. Los manuscritos del Mar Muerto fueron hallados en 1947 en unas cuevas que estaban justo en las afueras de Qumrán y han sido atribuidos a los esenios.

Quince años de estudios fue un tiempo suficiente para ahondar en lo que otras personas creían y a lo que rendían culto. Estoy segura de que eso fue lo que hizo que se interesara por los pobres y los oprimidos, y que llegara a conocerlos. Seis meses antes de cumplir los treinta años, Jesús regresó a Nazaret. Había llegado el momento de iniciar una vida pública en Israel.

Hubo una gran celebración para dar la bienvenida a Jesús. Había estado fuera muchos años y se había convertido en un hombre muy sabio y afectuoso. Su madre, María, estaba ahí, al igual que todos sus hermanos y hermanas. Entre los invitados se encontraban María Magdalena y muchos primos, incluida Marta, y muchas tías, como María de Cleofás y María Salomé. La Biblia habla de que estos familiares invitaban a cenar a Jesús y tenían largas charlas. Realmente formaban una familia muy unida y una comunidad de amigos y parientes que siempre estaba alrededor de Jesús. Muchos estudiosos piensan que hasta cinco de sus apóstoles tenían parentesco con él. Jesús solía contarles muchas historias sobre sus viajes y experiencias, que ellos escuchaban absortos.

Dicho sea de paso, estoy segura de que muchos de los libros originales de la Biblia contenían gran parte de este material. El motivo por el cual no lo encontramos es porque fue suprimido por la Iglesia primitiva. La Iglesia quería controlar las mentes de las personas que leían la Biblia y quería que sólo leyeran lo que «consideraba» que era mejor para ellas. Cualquier cosa que pareciera hacer más humano a Jesús, o que lo hiciera asemejarse a un buscador del conocimiento, seguramente les hacía sentir que no estaba completamente lleno de Dios. Qué ignorante es la persona que no sabe que todo, en todas partes, está lleno de Dios. La Iglesia de los inicios no quería que el pueblo fuera docto; quería seguidores que hicieran ciegamente lo que les decían. Jamás oímos a Cristo decir que hubiera que seguir una religión en particular, como el judaísmo, el cristianismo o el hinduismo. Él era simplemente un buscador de la verdad. Sus palabras de sabiduría, «Buscad y encontraréis» y «Llamad y se os abrirá», son indicativos muy fuertes de que sus palabras siempre eran un producto de su aprendizaje y de la filosofía gnóstica. Si él no hubiera querido que fuésemos pensadores, lo habría dicho.

Después de reunirse con su madre y con María Magdalena, Jesús inició su vida pública. La fiesta de boda en Caná fue en realidad su unión con Magdalena. La boda, cuando leemos sobre ella en la Biblia (Juan 2, 1-11) simplemente parece destacar, pero no hay ninguna explicación, excepto que supuestamente ahí tuvo lugar el primer milagro de Jesús. Cuando su madre se le acerca y le dice que ya no queda vino para los invitados, él se muestra poco dispuesto a hacer algo al respecto. Sin embargo María, conocedora de las costumbres judías, simplemente ordena a los sirvientes que hagan lo que Jesús les diga, sin hablar ni una palabra más con él. Entonces, evidentemente, Jesús pide a los sirvientes que traigan seis tinajas grandes llenas de agua, que luego convierte en vino, y les ordena que se lo lleven al invitado principal (el padrino) de la fiesta.

Luego leemos que el invitado principal, después de probar el vino, llama a un lado al novio y le dice (Juan 2, 10): «*Todos sirven primero el mejor vino, y cuando se ha bebido en abundancia, el peor. Tú, en cambio, has guardado el vino mejor hasta ahora*». Ahora bien, ¿qué significa esto? María sabía que en las bodas judías era el novio el responsable de proveer el vino. Entonces, ¿quién hizo que el vino fuese servido a los invitados? Cristo lo hizo, ¡y fue a él a quien se dirigió el padrino! No puedo entender por qué otras personas no se han dado cuenta de esto, a no ser que lo hayan ignorado porque no querían que nadie pensara que Jesús estaba casado. Esto también explica por qué María estaba tan tranquila respecto a la situación y no se molestó en decirle nada más a su hijo, excepto informarle de que faltaba vino. Ella sabía que, puesto que era el novio, ¡Jesús tenía que proveer el vino! Lo que confirma esto todavía más es que a partir de ese momento a Jesús lo llamaron Rabí, que puede significar «maestro», pero que era también un título que se confería a los hombres casados, según la tradición judía.

Los tiempos en la Biblia pueden ser confusos, porque los cuatro evangelios no siempre están de acuerdo acerca de sucesos que ocurrieron al mismo tiempo (más contradicciones). Por ejemplo, después de la boda de Cristo en Caná, en el Evangelio de Juan, Jesús va a Jerusalén y expulsa a los prestamistas de dinero del Templo. Este incidente también se menciona en los otros tres evangelios (en el de Mateo, el de Marcos y el de Lucas), pero ellos presentaron este incidente como algo que ocurrió más adelante en la vida de Cristo. Francine dice que, efectivamente, el incidente con los prestamistas de dinero tuvo lugar más tarde, de manera que el Evangelio de Juan no es correcto en lo referente al momento en que eso ocurrió en la vida de Cristo. Ahora bien, esto puede parecer insignificante para muchos, pero si se quiere utilizar la Biblia como un texto objetivo para obtener pruebas, entonces hay que aceptar las consecuencias cuando se describen imprecisiones. Esto también muestra, una vez más, que la Biblia contiene errores y que no siempre se puede confiar en ella como un texto absoluto.

Lo interesante sobre el Evangelio de Juan es que no siempre sigue la dirección de los otros tres evangelios. Gran parte del Evangelio de Juan relata sucesos de la vida de Cristo que los otros tres evangelios no mencionan, y a la inversa, el Evangelio de Juan no menciona muchos de los sucesos que aparecen en los otros tres evangelios. Ese parece ser el caso en los siguientes acontecimientos importantes en la vida de Cristo: su bautismo y la tentación en el desierto.

Los cuatro evangelios de Mateo, Marcos, Lucas y Juan mencionan que Cristo fue bautizado por Juan el Bautista y que Juan proclamó la venida del Mesías. Juan era primo de Cristo; sin embargo, solamente en el Evangelio de Mateo obtenemos una pequeña pista del hecho de que se conocían. En Mateo 3, 13-15 leemos: «*Entonces Jesús fue de Galilea al Jordán para que Juan lo bautizara. Pero Juan intentó detenerlo, diciendo: "Soy yo el que necesito ser bautizado por ti, ¿y tú vienes a mí?". Jesús le respondió: "Permítelo ahora, pues esto es necesario para nosotros, para que se cumpla así toda justicia". Entonces él lo permitió.*» Definitivamente, aquí se da a entender, en la breve conversación entre Juan y Jesús, que hay una cierta familiaridad. Los evangelios de Marcos y Lucas básicamente se limitan a contar que Juan bautizó a Jesús. El Evangelio de Juan cuenta que éste bautizó a Jesús, pero también da a entender que no lo conocía. En Juan 1, 29-34 leemos lo siguiente: «*Al día siguiente, Juan vio a Jesús que venía hacia él y dijo: "¡Este es el cordero de Dios, que quita el pecado del mundo! Este es de quien yo dije: 'El hombre que viene después de mí está por delante de mí, porque existía antes que yo.' Y yo no lo conocía, pero si he venido a bautizar con agua es para que él se dé a conocer a Israel." Y Juan atestiguó: "He visto al Espíritu descender del cielo en forma de paloma y posarse sobre él. Yo no lo conocía, pero el que me envió a bautizar con agua me dijo: 'Sobre el que veas descender y posarse el Espíritu, ése es el que bautiza con el Espíritu Santo.' Yo lo he visto y doy testimonio de que éste es el Hijo de Dios».*

Ésta puede parecer otra contradicción, puesto que Juan era primo de Cristo y compañero de juegos de él en la infancia, pero Francine nos ofrece una muy buena explicación. Ella dice que Cristo llevaba más de quince años sin ver a Juan y que éste no lo reconoció como hombre porque la última vez que lo había visto era un niño. Yo también creo que esto es muy plausible, pero además creo que el Evangelio de Juan está diciendo también que, aunque Juan conocía a Jesús como su primo, no sabía que era en realidad el Mesías que tanto él como los otros profetas habían predicho que vendría. Fue sólo cuando el Espíritu Santo, en forma de paloma, descendió sobre Jesús que Juan reconoció que él era, sin duda, el elegido de Dios. Cuando dice: «Yo no lo conocía», lo dice únicamente en el sentido de que no sabía que su primo era el Mesías, y parece estar un tanto conmocionado, lo cual hace que repita: «Yo no lo conocía», casi con incredulidad.

Antes de que entremos en la época que Cristo pasó en el desierto, que es el siguiente incidente en su vida tal como lo describen la mayoría de los evangelios, quiero contar lo que le ocurrió a Juan el Bautista. Juan era en cierto modo un agitador. Decía lo que él creía que era la verdad y no le importaba mucho si ofendía a alguien. En mi investigación, he descubierto que Juan el Bautista también era un esenio, como Cristo. Fue la secta judía de los esenios la que presentó el concepto de bautismo. Ellos creían que el bautismo era para limpiar a la persona de los traumas y las malas acciones de vidas anteriores y no del pecado original (pero abordaremos este tema en breve). A diferencia de Cristo, Juan estaba de acuerdo con las enseñanzas estrictas y ascéticas de los esenios. Francine dice que esto es porque Juan había pasado toda su vida en el Israel ocupado por los romanos y, como muchos hombres judíos, sentía rencor hacia ellos. Era un revolucionario por su propia forma de pensar. Mientras que Jesús había recibido unas enseñanzas más pasivas y amorosas, Juan no. Siguiendo el estricto ascetismo de los esenios, predicaba para todo aquel que quisiera escucharlo y bautizó a miles de personas. Fue su estricta interpretación de la ley judía lo que acabó trayéndole problemas con Herodes. Antes de eso, Herodes y la jerarquía del templo veían a Juan como una molestia peligrosa a causa de sus prédicas contra las hipocresías de ambos.

Con toda probabilidad, Juan el Bautista habría sobrevivido si no se hubiese vuelto en contra de Herodías, la esposa de Herodes. Llamó adúlteros a ambos, y dijo que Herodías era una ramera por haberse divorciado del hermano de Herodes y casarse con éste cuando aquél todavía estaba vivo. La acusación de Juan enfureció a Herodías y ella utilizó la atracción que Herodes sentía por su hijastra Salomé (engendrada por el hermano de Herodes) para obtener su venganza. Todos conocemos la historia según la cual Herodes se emborracha y le pide a Salomé que baile para él. Ella se niega y él le ruega que lo haga, e incluso le promete que le dará cualquier cosa que ella desee, incluso la mitad de su reino, si ella baila para él. Salomé le pregunta a su madre qué debería exigirle y ella le dice: «La cabeza de Juan el Bautista». Entonces Salomé pide su cabeza y Herodes, por no desdecirse, ejecuta a Juan de mala gana y le traen su cabeza en una fuente. Francine dice que cuando Jesús se enteró de la muerte de su primo, inmediatamente se sentó y lloró con una inmensa pena.

Mientras que los esenios veían el bautismo como un lavado de todos los traumas de vidas anteriores, el cristianismo lo convirtió en una limpieza de los pecados de Adán y Eva (el pecado original). Creo que esto es realmente una mala interpretación. La mayoría de los estudiosos cree que la historia de Adán y Eva en el Génesis del Antiguo Testamento es de naturaleza simbólica. Si se lee de una forma literal, no tiene ningún sentido, especialmente cuando se llega a la parte en que los hijos de Adán y Eva se casan y tienen esposas e hijos. Cuando Caín se marchó a la tierra de Nod, se casó, pero, ¿de dónde venían su esposa y la esposa de su hermano Seth? Sin embargo, si se lee como una historia simbólica, la presencia de estas otras personas sólo forma parte del simbolismo y puede ser considerada una extensión válida de la historia. El Árbol del Conocimiento es un árbol cuyo fruto contiene el conocimiento de todo el bien y el mal. Es el símbolo del conocimiento, pero también es el símbolo de la tentación, y Dios dice a Adán y Eva que ellos pueden comer lo que quieran, excepto el fruto de dicho árbol.

Luego está el simbolismo de la serpiente que le dice a Eva que no pasa nada si come el fruto del Árbol del Conocimiento. El mito de la serpiente pretendía refutar a todos los dioses de la fertilidad de las diversas religiones paganas que rodeaban a Israel. Cuando Salomón construyó el primer Templo para Israel, sus columnas principales fueron diseñadas para representar serpientes y fertilidad, ya que en el antiguo Israel había una gran influencia de las otras religiones. La serpiente, por lo tanto, representa simbólicamente a esas otras religiones tentando al pueblo de Israel, que está representado simbólicamente por Adán y Eva (sus supuestos padres). Eva come la fruta y convence a Adán de que también lo haga. Las mujeres (representadas por Eva) siempre son tildadas de tentadoras de los hombres (representados por Adán), incluso hasta el día de hoy. Siempre he dicho que Adán recibió lo que se merecía. ¿Qué clase de blandengue era Adán, que hizo lo que ella quería? Adán y Eva cubren sus cuerpos para ocultar su desnudez. Dios busca a Adán, lo encuentra, y éste dice que se había ocultado porque estaba desnudo. Entonces Dios le pregunta: «¿Quién te dijo que estabas desnudo?».

Esta parte concreta del Génesis también saca a la luz otra contradicción de la Biblia, porque retrata a Dios como alguien que no lo sabe todo, cuando todos sabemos que sí lo sabe todo. Lo encontramos preguntando: «¿Dónde estás, Adán?», y también interrogándole sobre su desnudez. Dios sabría dónde estaba Adán y también habría sabido quién tentó a Eva, quién tentó a Adán, etc. Siempre que sea la mano del hombre la que escribe, encontrarás errores y contradicciones.

Toda la historia de Adán y Eva es la historia simbólica de la humanidad abandonando el paraíso (el Otro Lado) y bajando para encarnarse en el plano negativo de la Tierra. El mal no existe en el Otro Lado (el paraíso), de modo que Adán y Eva fueron desterrados a la Tierra «para labrar los campos a fin de obtener sus alimentos» y «para parir a sus hijos con dolor». Esto es simbolismo puro, del mejor, y enseña que el plano terrestre es negativo y está lleno de tentaciones y de maldad. Piensa en esto: ¿cómo vas a aprender, si no es yendo a un plano negativo en el que existen el mal y la tentación para poner a prueba el valor de tu alma? No puedes aprender lo que es el mal en un entorno perfecto, pero puesto que el mal forma parte del conocimiento, debes aprender lo que es para que puedas saber lo que es el bien. Aprender lo que es el mal no te hace malo, simplemente te proporciona el conocimiento para evitar convertirte en alguien malo.

Así pues, el concepto de «pecado original» nació en el simbolismo de Adán y Eva comiéndose la fruta del árbol que Dios les dijo que no comieran. Por lo tanto, podemos deducir que si la historia sobre el pecado original es simbólica, entonces también lo es el concepto. «Pecado Original» es simplemente un símbolo del hecho de que, aunque Dios es perfecto, sus creaciones no lo son y siempre pueden ser tentadas en este plano al que llamamos Tierra.

Entonces tenemos a tres de los evangelios (Mateo, Marcos y Lucas) que cuentan cómo Cristo fue llevado al desierto. Juan mantiene el silencio acerca de este suceso. Según los evangelios que lo relatan, Jesús fue «llevado» por el Espíritu Santo al desierto después de que los cielos se abrieran y una voz dijera: «Tú eres mi hijo querido; contigo estoy complacido». Luego cuentan cómo Cristo ayunó durante cuarenta días y cuarenta noches y cómo el «adversario» (presentado como el Diablo después de la corrección) tentó a Jesús prometiéndole riquezas y fama. Marcos es muy breve narrando esto, mientras que tanto Mateo como Lucas entran en los diálogos entre Jesús y el adversario.

Francine no está de acuerdo con su relato porque dice que Jesús fue al desierto después de estar aproximadamente un año en la vida pública. Se fue solo porque quería contemplar y estar libre para oír la voz de Dios. Sabía lo que le esperaba y quería fortalecerse para enfrentarse a ello. Francine dice que no fue ningún diablo a tentarlo, sino que Jesús batalló con su propia consciencia. Él sabía que con su carisma podía haber sido un gobernante augusto si socializaba con el Sanedrín y los políticos y si aceptaba la moralidad de la época. Habría tenido riqueza y el poder para acompañarla. Ésa fue una época de tranquila meditación y retrospección en la que Jesús se comunicó con su Padre en el Cielo como preparación para lo que tenía que hacer. Mientras que Mateo y Lucas relatan conversaciones con el adversario, Francine dice que esas conversaciones fueron inventadas para reflejar la creciente creencia de la Iglesia primitiva en una entidad llamada «el diablo». Francine dice que puede que fuera una buena historia, pero que no es cierta. Y después de treinta (no cuarenta) días en los que ayunó sólo por momentos y en otros momentos ingirió algún alimento y bebió algo, Jesús regresó para reunirse con su familia.

Según Francine, María Magdalena estuvo siempre a su lado, y algunas enseñanzas en las creencias gnósticas dicen que ella era la mensajera directa de la Madre Dios en esa época, conocida como Sofía, de la misma manera que Cristo era el mensajero directo de Dios el Padre. Estaban aquí como réplicas de los verdaderos Madre y Padre Dios. Todos tenemos dentro de nosotros el ADN de los Creadores divinos, pero María y Jesús fueron ejemplos de cómo debe vivirse la vida, de que el matrimonio debería mantenerse y de que el amor por la humanidad debería ser lo principal.

Más adelante, los Caballeros Templarios creyeron en esto e intentaron proteger este conocimiento y fueron asesinados por ello; aunque muchos escaparon con el conocimiento de la información y de lo que era la herencia de Cristo.

Luego Cristo se pone en camino para elegir a los hombres que le seguirán y se convertirán en sus discípulos. En interés de la continuidad y la comprensión, intentaré siempre seguir la cronología que presentan los evangelios. Allí donde haya una discrepancia, la señalaré si es significativa. Veremos que muchas de esas discrepancias tendrán al Evangelio de Juan en el medio de ellas, pero los otros libros también están en desacuerdo, como ya lo hemos visto en los evangelios de Mateo y Lucas. Personalmente, me gusta el Evangelio de Juan, pero como continuarás viendo, su evangelio es muy distinto de los otros en muchos aspectos.

Dado que Juan no menciona el tiempo que Cristo pasó en el desierto, en su evangelio Cristo reúne a sus discípulos inmediatamente, mientras que en Lucas, Marcos y Mateo se dice que consiguió a sus discípulos después de la temporada en el desierto. Hay algunas discrepancias en los evangelios acerca de a quién tomó Jesús primero como discípulo. Juan dice que fue Andrés y otro que permanece sin identificar. Lucas, Marcos y Mateo dicen que Jesús convocó a Simón (Pedro) y a Andrés, que eran hermanos y pescadores, y luego a Santiago y a Juan (ambos también hermanos y pescadores). Algunos de los evangelios cuentan que Jesús tomó otros discípulos, y no siempre en el mismo orden, pero yo creo realmente que esto tiene poca importancia. Solamente estoy intentando hacer que te des cuenta del alcance de las contradicciones que existen en todo el Nuevo Testamento.

Inicialmente, Jesús escogió a doce discípulos. Entre ellos estaban Simón (Pedro); Andrés, el hermano de Simón (Pedro); Santiago, hijo de Zebedeo; Juán, hermano de Santiago de Zebedeo; Levi (Mateo); Felipe; Bartolomé; Tomás; Santiago, hijo de Alfeo; Simón, que era llamado Celotes (también era conocido como Simón el Celote o Simón el Cananita); Judas (también conocido como Judas, hijo de Santiago y Judas Iscariote. Puesto que hay dos Simones, dos Santiagos y dos Judas entre los discípulos, a menudo se confunden. Jesús quería hombres a los que pudiera enseñar y que, al seguirlo, obedecieran órdenes. Él sabía que lo que iba a enseñarles tendría que ser contado al mundo por unos hombres que se dispersarían y transmitirían los conocimientos a muchos pueblos en diferentes tierras.

Jesús tenía como discípulos a personas de toda condición, desde Mateo, recaudador de impuestos, hasta Pedro, Andrés, Santiago y Juan, pescadores. Los escogió de entre ricos y pobres, para poder tener un amplio muestrario de todos los ámbitos de la vida. Esto fue algo inteligente, y demuestra que Jesús pensó mucho a quién escogía y por qué. Realmente fue algo muy astuto, incluso podemos decir que profético, darse cuenta de que, puesto que su vida pública sería corta, debía tener a unos hombres que lo siguieran, lo escucharan y luego difundieran el mensaje cuando él ya no estuviera. Pudo haber elegido a hombres doctos, pero entonces quizás habrían estado ya adoctrinados. Era mejor tener una pizarra en blanco, por así decirlo, que luchar contra hombres que ya tenían unas filosofías de vida muy arraigadas.

Algunos de ellos fueron de aldea en aldea para proclamar la llegada de este profeta que les transmitiría la verdad y, quizás, incluso los curaría. Jesús empezó con unos pocos seguidores, que pronto se convirtieron en veinte o treinta, a los que hablaba y de los que estaba cerca. Esto fue a más, hasta el punto que en Lucas 10, 1 vemos que envió a setenta y dos discípulos a diversos pueblos y ciudades. Todas estas comunidades de Israel estaban cerca unas de otras, de modo que el mensaje se propagó con rapidez. Francine dice que algunas personas salían a ver a Jesús porque sentían curiosidad, otras para mofarse de él y otras porque querían aprender o ser sanadas.

Debes recordar que entonces era aún peor que hoy en día. Sí, ahora hay escépticos... pero tenemos libertad de expresión. Aunque en la India, o en otros países que eran tolerantes con otras religiones y filosofías, Jesús se podía expresar libremente, en Israel tenía que tratar con el gobierno romano y sus dioses, así como con el Sanedrín y el Dios aterrador y vengativo de los judíos. Ahora, se encontraba en esa etapa de su vida en la que estaba en conflicto con ambos. Sí, predicaba sobre un Dios, pero su Dios no era iracundo. Jesús presentó a un Dios amoroso y cariñoso que no tiene favoritos, porque Él llega incluso a los pecadores y ama a todos. Esto era una blasfemia para el Sanedrín, pero los romanos no le prestaron mucha atención a ese hombre conocido como Jesús, porque ellos eran muy poderosos y él no era un revolucionario como su primo Juan el Bautista. Juan había sido mucho más crítico y había despotricado constantemente contra la ocupación romana. Jesús, por otro lado, utilizaba palabras de bondad para convencer a la gente.

Jesús empleaba todos los conocimientos que había obtenido en sus viajes. Siendo un gnóstico, nunca tuvo miedo de incorporar cualquier parte de cualquier verdad o cualquier religión que tuviera un verdadero conocimiento; simplemente expresaba sus palabras de manera tal que encajaran con la forma de pensar y la tradición judías, y utilizaba parábolas ampliamente para hacerse entender. Puesto que era un esenio, Jesús estaba influido no sólo por la filosofía, sino también por la documentación de los esenios. Instaba a las personas, entre sus seguidores, que sabían escribir, como Tomás, Mateo y Santiago, a poner por escrito todo lo que veían u oían. A Jesús no le preocupaba preservar su legado, sino dejar escritos que sus discípulos pudieran consultar cuando se convirtieran en apóstoles y difundieran sus enseñanzas. Los esenios conservaban su herencia a través de sus escritos y se aseguraban de que estaban a salvo ocultándolos si era necesario.

El motivo por el cual hacían esto era porque el Sanedrín y los fariseos los consideraban una secta radical de celotes y, en consecuencia, los oprimían con regularidad. Los grupos religiosos del Sanedrín y los fariseos eran sumamente poderosos e influyentes y, trágicamente, como ocurre en la actualidad con muchas religiones, gobernaban a su gente mediante el miedo. Si sólo pretendes ayudar a la gente mediante el amor puro de Dios, el radiante ejemplo de la sanación y la belleza, entonces no vas a provocar en las personas el miedo y la culpa suficientes y, por lo tanto, no vas a poder sacarles dinero. Así pues, la religión se convierte en un gran negocio. Tristemente, esto lo vemos en la actualidad, en los evangelistas e incluso en el Vaticano. No estoy condenándolos ni juzgándolos, simplemente estoy diciendo que ésta es una verdad histórica. Fíjate en Martín Lutero, que se cansó de que la Iglesia vendiera indulgencias y se separó de ella y provocó la Reforma. Él consideraba que la gente no debía pagar para ir al Cielo.

Cristo siempre sintió, a lo largo de toda su vida, que sus enseñanzas eran lo más importante y que debían ser conservadas, si eso era posible. Se centró totalmente en cambiar la forma en que los judíos sentían y creían en Dios. Una cosa que la mayoría de la gente olvida es que Cristo era judío, no cristiano.

Estaba enseñando a un pueblo que tenía unas leyes estrictas y unas tradiciones que venían de la época de Moisés, o incluso antes. Jesús siempre tenía que caminar por la cuerda floja con sus enseñanzas, porque muchas de ellas eran consideradas blasfemas por los elementos conservadores del judaísmo. Debía tener cuidado con sus palabras y con sus ideas, y por ese motivo ha sido interpretado erróneamente en tantas ocasiones a lo largo de los años. Leemos en el Evangelio de Lucas que Jesús, después de la temporada que pasó en el desierto, se fue a Nazaret, su ciudad natal, y predicó allí en la sinagoga, pero lo único que consiguió fue que sus conciudadanos lo llevaran furiosos a la colina más alta para arrojarlo por un precipicio porque no les había gustado lo que él había dicho (Lucas 4, 28-29). ¿Te puedes imaginar cómo reaccionaría Jesús? Ahí estaba, con gente con la que se había criado, y querían despeñarlo por un precipicio a causa de lo que había dicho. Jesús estaba asustado, pero también aprendió una importante lección: tenía que ser cuidadoso con sus palabras.

Mientras estamos en el tema de las enseñanzas de Cristo, quiero hacer un paréntesis aquí para hablar de algo un poco más polémico, aunque personal. Siempre me he considerado una cristiana gnóstica porque creo que debemos obtener tantos conocimientos como nos sea posible sobre Dios, y siempre he creído que Jesucristo era un representante directo y un mensajero de Dios, y me encantan sus enseñanzas. Pero he aquí el matiz: no estoy necesariamente de acuerdo con *todas* las enseñanzas tal como las presenta la Biblia y no creo que Jesús fuera el salvador de toda la humanidad, ni tampoco que muriera por nuestros pecados. Ahora bien, algunos de vosotros se preguntará, «Entonces, ¿cómo puedes considerarte cristiana?». Me considero cristiana porque creo en las enseñanzas de Cristo y creo en su divinidad como una entidad especial proveniente de Dios. No creo en el concepto de salvador de la humanidad, simplemente porque la humanidad es demasiado diversa en sus creencias, pero sí creo que Dios nos envía mensajeros divinos para ayudarnos, los cuales son tan diversos como nosotros. En otras palabras, considero que Buda y Mahoma fueron mensajeros divinos para ciertas partes del mundo, del mismo modo que Cristo lo fue para el judaísmo y, finalmente, para el cristianismo.

Algunos de vosotros objetará: «¿Cómo puedes decir que fue un mensajero para el judaísmo? Ellos no creen que él fuera su Mesías». El mero hecho de que ellos no creyeran que Jesús era su Salvador no significa que él no los influyera con sus enseñanzas. Tanto el judaísmo como el Islam reconocen que Cristo fue un gran profeta y maestro. Como dije antes, Jesús era judío y concentró sus enseñanzas dentro de los parámetros de la fe judía, pero muchas de ellas se aplican también a todos nosotros universalmente. Los atributos de un Mensajero Divino siempre han incluido enseñanzas que son de naturaleza universal, enseñanzas que pueden trascender a las culturas, las costumbres y las tradiciones, que son simplemente verdades universales que pueden aplicarse a cualquier persona en cualquier momento. Cristo era ese tipo de maestro.

Siempre he creído en un Dios amoroso y compasivo que perdona a todas sus criaturas en sus transgresiones. He escrito sobre Dios en muchos de mis libros y no creo que Dios tenga las cualidades mezquinas de ira o de venganza, y ciertamente no creo que castigue a nadie. Dios es perfecto en su amor y en su perdón. Jesús intentó señalar las cualidades amorosas de Dios de diversas maneras, pero la Biblia dice que mantenía la creencia de que Dios castiga a los malos y que juzga. Francine me ha dicho que Jesús no creía en esos dos conceptos y que jamás dijo que Dios castigaría a nadie, ni que habría un día del juicio final. Ella insiste en que esas partes de la Biblia que afirman en que él dijo esas cosas fueron insertadas y añadidas por los primeros cristianos que escribieron la Biblia. Yo creo en lo que dice Francine. Ciertamente no estoy de acuerdo con los conceptos de un Día del Juicio Final y de que Dios castiga, y sería hipócrita si afirmara que estoy de acuerdo.

Francine dice que lo que Jesús predicaba en realidad sobre el castigo era que aquellos que realizan actos de maldad serán castigados debido a la ley universal del karma, la cual aprendió cuando estuvo en India, y en la que creía. Los escritores de la Biblia añadieron que Dios sería el que los castigaría y borraron completamente las palabras de Cristo sobre la ley universal del karma porque hacía demasiada referencia a las filosofías y religiones orientales e insinuaban la reencarnación.

Francine dice también que Jesús jamás mencionó el Día del Juicio Final, porque él sabía que no existía; en lugar de eso, intentó enfatizar que el hecho de realizar buenas obras y buenos actos te asegura un lugar en el Cielo (el Otro Lado). Ella dice también que Jesús no creía en el infierno y que, en lugar de eso, enseñaba que el mal forma parte de esta Tierra y que siempre existirá, hasta que Dios decida lo contrario; que él no juzgaba, excepto que para señalar las hipocresías que eran inmediatamente evidentes para cualquier observador; que a él se le han atribuido frases erróneamente en numerosas ocasiones y que sus palabras fueron corregidas por la jerarquía de la Iglesia primitiva durante el curso de la organización de la Biblia. Francine asegura, por ejemplo, que contrariamente a lo que se expresa en Mateo 5, 17, Cristo dijo que había venido a «cambiar las leyes», no a cumplirlas. Ella dice que es por ese motivo por lo que fue tan odiado por el Sanedrín y los fariseos. Yo no tengo ningún problema con ninguna religión en particular, incluido el judaísmo, pero me reservo el derecho a estar en desacuerdo con algunas de sus creencias cuando entran en conflicto con las mías.

Siempre he creído firmemente en la tolerancia religiosa. Decir que una religión es mejor que otra fomenta la hipocresía y la violencia, y hace que uno sea excesivamente crítico. Siempre he creído que una persona, sin importar quién sea o cuál sea su historia, o de qué cultura provenga, tiene derecho a decidir por sí misma lo que quiere creer en lo que respecta a la religión. Para mí, la religión siempre ha sido un apoyo personal muy querido que me ha ayudado a vivir mi vida. Decir que lo que está bien para mí está bien para todo el mundo sería una bofetada en la cara de Dios y afectaría a la libertad y los derechos de sus Creaciones. Nunca he podido entender cómo una persona o un grupo puede decir o alegar que ellos tienen todas las respuestas y la verdad, y que cualquiera que no siga sus creencias está maldito o condenado al infierno o a algo incluso peor. Ellos no son Dios y jamás lo serán, y su insistencia en que ellos tienen la razón simplemente muestra al mundo cuán inseguros están de sus propias creencias.

Forma parte de la naturaleza humana querer que todos crean lo mismo que uno, porque dispara la propia inseguridad de la persona de que podría estar equivocada para convertir a los demás a sus creencias; pero ésa es una ilusión que el viento se puede llevar. Cuando una persona sólo tiene fe y cree tener la razón, pero no *sabe* que tiene la razón, entonces su inseguridad se manifiesta en la forma de intentar convertir a los demás a sus creencias. Cuando una persona *sabe* que está en lo cierto en sus creencias, no se siente amenazada por las creencias de los demás. Parte de ese conocimiento es que cada persona debe llegar a sus propias creencias religiosas a su propia manera. En otras palabras, la persona debe sentirse cómoda y bien respecto a sus creencias, y además ser flexible y tolerante con las personas que tienen otras.

La simple realidad es que hay parte de verdad en *todas* las religiones, pero *ninguna* posee toda la verdad. Construir tus conocimientos y creencias religiosos tomando verdades de algunas o todas las religiones de la humanidad es la religión fundamental. Aunque no tiene necesariamente un nombre o una iglesia, templo o lugar concreto de culto, este conocimiento y esta verdad residen dentro de ti todos los días y dan consuelo a tu vida y a tu alma. Además, te permiten la libertad de reconocer todo el bien que hay en la religión y prescindir de lo malo.

Puedes rezar o meditar en cualquier lugar y sentirte cómodo, tanto en una iglesia, en una sinagoga, en una mezquita, en un templo, o dondequiera que sea. Puedes encontrar tu refugio de adoración en una arboleda, un jardín, una montaña, una colina, en el mar o junto al mar, en el desierto e incluso en tu propia casa o domicilio. Puedes vivir una vida de tolerancia y libertad religiosa de forma útil, haciendo buenas obras y tratando a los demás como te gustaría ser tratado, *sabiendo* siempre que cualesquiera que sean tus creencias, son las adecuadas para ti. También puedes tener la seguridad de que Dios te está sonriendo y bendiciendo porque has descubierto una gran verdad universal. No importa cómo ames a Dios, porque el amor dado a Dios abrirá la puerta del amor constante que Dios te da y que resuena en tu alma.

Yo doy mi amor a Dios todos los días y siempre recibo el amor de Dios. Soy humana y cometo errores, como todo el mundo. No soy perfecta y tengo mis defectos y fragilidades humanas, las cuales intento manifestar lo menos posible, pero también sé que Dios me ama y que le importo, a pesar de mis defectos. He sido criticada, difamada, ridiculizada y atacada por otros seres humanos dibido a mis especiales facultades y mis escritos, pero siempre me he esforzado por hacer el bien a tantas personas como me ha sido posible y por apreciar a aquellas que han sido lo bastante amables como para enviarme cartas o notas diciéndome cuánto las he ayudado. Las personas que me piden ayuda, que asisten a mis conferencias, ven mis apariciones en televisión, me escuchan cuando hablo por la radio y leen mis libros son las que hacen que siga adelante. Aprecio y quiero a cada uno de vosotros.

Teniendo esto presente, sé que aunque a veces puedo ser polémica, jamás os ocultaría a sabiendas la verdad que he investigado y que sé que es una realidad. Al escribir sobre Nuestro Señor, inevitablemente me encuentro con enseñanzas con las que no estoy de acuerdo, pero siempre intento ser lo más objetiva posible y siempre trato de ofreceros mis motivos para estar en desacuerdo. Estoy escribiendo esto porque ahora vamos a entrar en partes de la vida de Jesús que pueden provocar cierta controversia. Dicho esto, pasemos a explorar más sobre la vida de Jesucristo.

CAPÍTULO 4

Su prédica inicial y sus milagros

Había una leyenda griega y romana que decía que si eras verdaderamente santo o descendías de los dioses, podías convertir el agua en vino. Esto podría no estar relacionado con el milagro de Cristo en Caná que hemos comentado en el capítulo anterior, pero quiero que entiendas que a lo largo de la Biblia hay leyendas y mitos de otras culturas, expresados, u ocultos (como el que una virgen diera a luz, tema que ya hemos tratado). Estos mitos y leyendas fueron insertados en la Biblia para dar más sustancia a la divinidad de Cristo y a aquellos que lo rodeaban, a fin de contrarrestar las influencias de otras religiones. En otras palabras, fue simplemente un caso de «mi Dios es mejor que tu dios». Por lo tanto, tenemos a vírgenes dando a luz, coros celestiales, ángeles y una gran cantidad de milagros para mostrar a la población inculta que, ciertamente, el Dios de los cristianos es más grande que cualquier otro Dios.

Con esto no quiero desacreditar los milagros de Jesús, ya que realizó muchos. Por lo visto, tenía que cumplir una profecía que sólo él conocía, pero quería que los demás supieran que él provenía de Dios. No digo esto para hablar mal de otros mesías o mensajeros, pero a nadie se le han atribuido tantos milagros como a

Cristo. Estoy segura de que él tenía un conocimiento directo infundido por Dios, porque siempre sabía de antemano lo que iba a ocurrir.

Cuando inició su vida pública, Jesús sabía que estaba dirigiéndose a un pueblo que era mayoritariamente inculto, al igual que la mayoría de sus discípulos. Por lo tanto, hablaba a la gente utilizando un montón de parábolas que todavía, hasta el día de hoy, encierran un gran significado y muchas verdades. Sus parábolas eran principalmente maneras de explicar a las masas cómo cuidar de los demás y cómo vivir la vida como una buena persona. Jesús estaba mucho más interesado en la sociedad de la época que en la política. Incluso cuando le preguntaron sobre los impuestos, simplemente respondió: «*Dad al César lo que es del César y a Dios lo que es de Dios*» (Mateo 22, 21; Marcos 12, 17; Lucas 20, 25). Si te fijas un poco en lo que subyace a esta afirmación, así como a muchas otras que hizo en sus sermones, verás un tema general que él predicó durante toda su vida. Es muy simple: deja de interesarte por todo el ir y venir diario del dinero y de preocuparte por las propiedades y por lo que tienes aquí; eso es verdaderamente pasajero y tu verdadera recompensa está en el Cielo.

También es interesante notar que algunos de los milagros de Cristo se relatan en el Qur'an (Corán), el libro sagrado del Islam. El Qur'an cuenta que Cristo sanó a un leproso (esto se menciona también en Mateo, Marcos y Lucas), curó a Bartimeo, un hombre que era ciego de nacimiento (también se menciona en Juan) y resucitó a Lázaro de entre los muertos (mencionado por Juan). También habla del milagro realizado por Cristo en su niñez, cuando dio vida a las palomas de arcilla (mencionado en los libros apócrifos: el Evangelio de la Infancia, de Tomás, y el protoevangelio de Santiago). Estos dos libros apócrifos explican parte de la infancia de Jesús, pero no son aceptados por la Iglesia como canon, o como genuinos. Si alguna vez tienes la oportunidad de leerlos, comprenderás por qué la Iglesia no los aceptó. Por ejemplo, dicen que Cristo, siendo niño, mató a dos chicos y que en un arranque de ira golpeó a los padres de un niño. (Francine dice que él no hizo ninguna de estas cosas.)

El segundo milagro realizado por Cristo, según los cuatro evangelios canónicos, es cuando curó al sirviente de un centurión en Cafarnaún (Mateo 8, 5-13; Lucas 7, 1-10; Juan 4, 46-54). Tanto Mateo como Lucas escriben que la persona enferma es un sirviente de un centurión, mientras que Juan escribe que la persona en cuestión es el hijo de un gobernante (otra contradicción). El evangelio de Juan es el único en el que está escrito que éste fue el segundo milagro de Jesús. Podría ser incorrecto, como dice Mateo, que Jesús curara al leproso antes de este suceso, y Lucas escribió que Jesús había sanado a un hombre que tenía una mano atrofiada en una sinagoga en el Sabat, antes del incidente mencionado arriba (más contradicciones). Vamos a encontrar muchas contradicciones en los cuatro evangelios, lo cual hace sospechar que los evangelios no están basados en hechos reales. Además, son muy pesados, porque presentan diferentes versiones de la misma historia.

Este milagro del sirviente (¿o hijo?) nos proporciona la primera revelación sobre el poder que Cristo tenía, porque esta sanación se realizó desde lejos y Jesús nunca estuvo en presencia de la persona enferma. Este también es el primer caso de una persona que es curada por su fe en Jesús... porque el centurión (¿gobernante?) expresó su fe en Jesús y éste, a su vez, curó a su sirviente (¿o hijo?).

Jesús hizo muchos milagros mientras estuvo en Israel, y yo comentaré la mayoría de los más importantes que se narran en uno de los cuatro evangelios o en más de uno. Solamente algunos se mencionan en los cuatro libros: cuando dio de comer a cinco mil personas, cuando convirtió el pan y el vino en su cuerpo y su sangre (lo cual no es aceptado de forma literal por todos los cristianos) y la resurrección de su tumba (lo cual no es aceptado por la mayoría de cristianos judíos y gnósticos).

Empezaré por la pesca milagrosa (Lucas 5, 1-11; Juan 21, 6). Éste es el milagro en el cual Jesús le dice a Simón Pedro que eche sus redes en un determinado lugar y éstas recogen una gran cantidad de peces. Aquí hay una gran contradicción, porque Lucas escribe que este milagro ocurrió justo antes de que tomara a Simón Pedro, Santiago, Juan y Andrés como discípulos mientras que, según Juan, ¡este incidente tuvo lugar después de que Cristo saliera de su tumba! Ésta no es una pequeña contradicción, porque es evidente que alguien está equivocado en cuanto al momento en que este milagro tuvo lugar. Lucas y Juan también describen esto de una manera distinta, lo cual hace que la mayoría de estudiosos de la Biblia crea que son dos ejemplos distintos del mismo milagro. Francine dice que esto es cierto y que Lucas es más convincente, ya que Jesús quería mostrarle a Simón Pedro y a Andrés que él tenía poder para que ellos lo siguieran como discípulos. El relato de Juan está situado después de que Jesús escapara de su tumba y menciona que un grupo de discípulos de Cristo se reunió junto al mar y que no lo reconocieron. Entraremos en este tema más adelante, pero el motivo por el cual no lo reconocieron fue porque él estaba disfrazado. ¿Jesús disfrazado? Espera y verás.

Luego Jesús cura a un hombre que está poseído por un demonio en una sinagoga. Antes de entrar en este tema, permíteme que haga algunos comentarios. A lo largo de los cuatro evangelios, así como en otras partes del Nuevo Testamento, hay numerosos relatos sobre Cristo expulsando a los demonios en varias personas. En la antigua India, varios miles de años antes del nacimiento de Cristo, se inventó el concepto de demonio. Cuando las personas enfermaban, se creía que espíritus malvados o demonios habitaban en ellas. Este tipo de creencia todavía se mantiene en África, Sudamérica, Nueva Guinea, Borneo y en otros lugares en los que todavía hay tribus primitivas. El chamán o brujo, o la chamana o bruja, trae sus pociones y sus hierbas y hace hechizos para eliminar al «demonio» malvado y curar a la persona enferma. Siempre he dicho que los demonios y el diablo no existen, y que las llamadas «posesiones» son casos de esquizofrenia o mentes hiperactivas y sugestionables que provocan emociones de una forma muy poderosa. Bajo hipnosis, algunas personas realmente pueden manifestar una ampolla cuando les ponen un cubo de hielo en el brazo o la mano y les dicen que es algo que está muy caliente. La mente puede ser muy poderosa... especialmente cuando la persona es muy sugestionable o está mentalmente enferma.

Francine dice que estos relatos de Jesús expulsando demonios son muy exagerados y que hubo varios epilépticos a los que Cristo hizo salir de sus ataques tranquilizándolos y hubo uno o dos esquizofrénicos a los que dio unas hierbas que, por lo visto, les ayudaron. Pero la mayor parte de esos «demonios» eran simplemente la creencia judaica de que los espíritus del mal provocaban enfermedades, que los escritores de la Biblia exageraron convirtiéndolos en verdaderas entidades malignas. Francine dice también que Cristo realizó la mayoría de las sanaciones mediante la imposición de manos y mediante la oración y la meditación. Él entraba en un estado de consciencia modificado para convertirse en un canal o recipiente para la energía sanadora de Dios. En la India había aprendido a modificar su consciencia para entrar en un profundo estado meditativo, ya que en ese país esa es una de las principales técnicas de sanación. En cualquier caso, Francine dice que sus curaciones tenían un impacto dinámico en las masas incultas, y corrió la voz sobre las habilidades sanadoras de Jesús a toda velocidad.

La mayoría de científicos y estudiosos también cuestiona la veracidad de los exorcismos, diciendo que no hay absolutamente ninguna prueba científica de que existan las posesiones demoníacas. La mayor parte de los indicios en este tema, apuntan, según ellos, a trastornos psicológicos y enfermedades mentales. Aunque la mayoría de los científicos y estudiosos dicen que la posesión demoníaca no existe, la Iglesia primitiva utilizó los miedos y las creencias supersticiosas de las masas en la posesión demoníaca para promover su dogma del diablo y el infierno. Muchas Iglesias cristianas en la actualidad todavía tienen expertos que se ocupan de los exorcismos, especialmente la Iglesia católica.

En Marcos 1, 23-28 y en Lucas 4, 33-36, tenemos la historia de un hombre en una sinagoga que supuestamente estaba poseído por un espíritu impuro (Marcos) o el diablo (Lucas). Éste le dice a Jesús que sabe que él es el Santo de Dios. Entonces Jesús le ordena al espíritu o diablo que salga de ese hombre y luego deja al hombre sin hacerle daño. En Marcos tenemos a unos testigos que están asombrados, y en Lucas asustados, porque se preguntan cómo es que Jesús ha sido capaz de hacer que un espíritu maligno o diablo le obedezca.

Luego vemos a Jesús curando de una fiebre a la suegra de Pedro (Mateo 8, 14; Marcos 1, 29-31; Lucas 4, 38-39) y, una vez más, expulsando demonios o espíritus impuros de muchas personas que fueron a verlo para que las sanara. En muchos de estos evangelios en esta época de su vida parece como si en casi todos los párrafos tuviéramos a Cristo haciendo algún milagro. Sería lógico que los primeros escritores o editores de estos evangelios intentaran retratar a Jesús como el Mesías y trataran de hacerle hacer la mayor cantidad de milagros posibles para documentar su autenticidad como el Salvador judío que aparece en muchas de sus profecías. Aunque Jesús no fue aceptado como el salvador por el pueblo judío, sí se convirtió, a través del cristianismo, en el Salvador y el Mesías de los cristianos en el mundo entero.

Jesús sana a un leproso por primera vez (Mateo 8, 1-4; Marcos 1, 1-4; Lucas 5, 12-14) y le dice que no le hable a nadie de su curación, sino que vaya a ver a los sacerdotes y haga ofrendas según la Ley de Moisés. Este incidente muestra claramente que Jesús está intentando mantener la tradición y la ley judías. También muestra la humildad de Cristo al pedirle al leproso curado que no se lo cuente a nadie. Francine dice que Jesús siempre fue humilde porque sabía que Dios era el que le daba el poder que él utilizaba, y siempre fue capaz de tener su ego bajo control.

Francine dice también que a medida que la fama de Jesús fue creciendo, se hizo cada vez más difícil para él estar a solas para rezar y entrar en comunión con Dios. Las multitudes de personas no sólo lo seguían a dondequiera que fuera, sino que cuando Jesús viajaba de un lugar a otro había muchedumbres esperándole. En muchas ocasiones, dice Francine, era como una estrella de rock de la actualidad intentando pasar entre una multitud de fans. Por lo visto, la curiosidad había desaparecido y la gente ahora se reunía en torno a él para ser sanada o para escuchar lo que él tenía que decir. El Sanedrín (consejo judío de ancianos y sabios que eran los jueces y los legisladores de Israel), los fariseos (el partido político más poderoso en aquella época) y los sacerdotes, todos se fijaron en la popularidad de Cristo y muchos de ellos se volvieron escépticos y se pusieron celosos. También hubo algunos que buscaron su consejo y creyeron en él, como Nicodemo, pero como veremos, la mayoría siguió al sumo sacerdote, Caifás.

Luego Jesús cura a un paralítico (Mateo 9, 2-8; Marcos 2, 3-12; Lucas 5, 18-25), lo cual tiene una cierta importancia. Aunque la sanación fue prodigiosa, lo que llama nuestra atención fue lo que Jesús le dijo al hombre con parálisis. Le dijo que sus pecados habían sido perdonados, lo cual no era aceptable para los judíos, porque ellos creían que sólo Dios podía perdonar los pecados. Al sentir que empezaba a surgir una animadversión ante su supuestamente audaz declaración, Jesús dijo a los presentes que él tenía el poder de perdonar los pecados, y como prueba de ello le dijo al paralítico que se levantara y andara, lo cual hizo. De esta manera, Jesús les mostró que su Padre en el Cielo le había dado el poder de perdonar los pecados.

Para aquellos de nosotros que creemos en la reencarnación, esto también muestra que ésa podría haber sido una situación en la cual el hombre paralítico estaba realizando su karma. Jesús, sabiendo que el hombre estaba cumpliendo con una obligación kármica, le perdonó los pecados que habían causado ese karma y, por lo tanto, el hombre pudo caminar. Esto tendría sentido, porque Cristo había aprendido y aceptado la filosofía de la reencarnación (la cual, como verás, se manifiesta en varias ocasiones más adelante) y lo sabía todo acerca del karma y su causa y efecto.

Posteriormente, vemos la posición de Cristo sobre el karma con la siguiente curación, que se menciona en Juan 5, 2-16, en la cual Cristo sana a otro hombre incapaz de caminar en Bezatá (*Bethesda*). Esta curación también tiene importancia en el sentido de que fue realizada en Sabat, lo cual era también inaceptable en lo que concierne a la ley judía. Ahora bien, esta parte en concreto del libro de Juan menciona una piscina en Jerusalén llamada Bezatá (que tenía cinco soportales), que era algo parecido a las aguas de Lourdes. Tal como Juan cuenta la historia, los enfermos y los que estaban débiles se encontraban alrededor de esa piscina porque de vez en cuando un ángel de Dios descendía a ella y hacía que se moviera el agua. Fue en el momento en que el agua se estaba moviendo cuando la primera persona en la piscina fue curada y sanada. Jesús llegó a ese lugar y vio que junto a la piscina había un hombre que no podía caminar y le preguntó si deseaba ser curado. El hombre replicó que llevaba ahí mucho tiempo, pero que no tenía a nadie que lo cargara y lo metiera al agua. Jesús lo curó y se marchó, y otras personas le preguntaron al hombre curado quién había realizado la sanación y le reprendieron por haberlo hecho en Sabat. El pasaje que me gusta, sin embargo, tiene referencias a la premisa de la reencarnación cuando Jesús encontró al hombre en el templo y le dijo: «*Mira, has sido curado. No peques más, para que no te suceda algo peor*». Una vez más, vemos a Jesús refiriéndose al pecado como el motivo de la enfermedad del hombre debido al karma y diciéndole que no debía pecar más o, de lo contrario, su karma podría empeorar. Cuando la muchedumbre de judíos se enteró de que Jesús había realizado una curación en Sabat, empezaron a perseguirlo por ello, pero él les dijo que era el hijo de Dios y que Dios le había dado el poder para hacer lo que Él haría.

A pesar de su fama, muchos judíos estaban en contra de Jesús por no respetar ciertas leyes judías. Con Cristo haciendo curaciones y milagros en Sabat, ahora podemos ver más claramente por qué Francine dijo que él había venido a «cambiar las leyes» en lugar de a cumplirlas. Si Cristo hubiese dicho que había venido a cumplir la ley, ciertamente no habría desafiado continuamente la ley judía, pero si, como dijo Francine, había venido a «cambiar las leyes», Jesús no habría tenido ningún problema en romper unas leyes que él consideraba que debían ser modificadas.

Ahora llegamos a un milagro en el cual Jesús hizo resucitar de entre los muertos al hijo de la viuda de Naín (Lucas 7, 11-15). Estaban llevando al hijo en su féretro, con la madre llorando detrás de él, seguida de una gran muchedumbre. Jesús, apiadándose de la madre porque ese era su único hijo, tocó el féretro y ordenó al joven que se levantase, se sentase y empezase a hablar: «*Y entonces todos quedaron sobrecogidos por el miedo: y glorificaron a Dios diciendo: «Un gran profeta ha surgido entre nosotros. Dios ha visitado a su pueblo"*». (Lucas 7, 16.)

Mientras Cristo realizaba todos estos milagros, estaba empezando a sentirse un poco frustrado, porque muchos de los que lo veían todavía no creían que él fuera el Mesías. Como denota el pasaje mencionado arriba, la gente lo veía como un gran profeta y sanador para Dios. Ésta fue una época en la que Jesús, en su frustración, empezó a ser más osado, diciéndole a los demás que él era el Hijo de Dios y el Mesías. Como prueba de esto vemos, un poco más tarde, en Lucas 7, 19-23, que Cristo dice a dos discípulos de Juan el Bautista que le preguntan, de parte de Juan, si él es o no es el Mesías. Jesús les replica: «*Id y contad a Juan lo que habéis visto y oído: los ciegos ven, los cojos andan, los leprosos quedan limpios, los sordos oyen, los muertos resucitan, se anuncia el evangelio a los pobres, y dichoso el que no se escandalice de mí*». Ahora bien, aquí nos encontramos, una vez más, con una contradicción en la Biblia, porque Juan el Bautista estaba convencido en el bautismo de Cristo de que él era el Mesías e incluso lo proclamó a todo aquel que quiso oírlo. Ahora le tenemos dudando y teniendo que preguntarle a Cristo si él es «el que ha de venir». Esto no tiene sentido, pero la Biblia parece contradecirse en varias ocasiones, y para muchos de los que ven estas contradicciones e incongruencias, la interpretación literal de la Biblia es cada vez menos válida.

Tenemos muchos más milagros realizados por Jesús... La curación de la mano atrofiada de un hombre (Mateo 12, 9-13; Marcos 3, 1-6; Lucas 6, 6-11) otra vez en Sabat, y la curación de un hombre ciego y mudo poseído por un demonio (Mateo 12, 22), después de la cual los fariseos dicen que Jesús es el diablo. Pero él les responde: «*Todo reino dividido contra sí mismo será desolado, y toda ciudad o casa dividida contra sí misma no puede subsistir. Y si Satanás echa a Satanás, esta dividido contra sí mismo, ¿cómo podrá entonces subsistir su reino? Y si yo expulso a los demonios con el poder de Belcebú, ¿con qué poder los expulsan vuestros hijos? Por lo tanto, ellos serán vuestros jueces. Pero si expulso a los demonios con el Espíritu de Dios, entonces es señal de que el reino de Dios ha llegado a vosotros*». (Mateo 12, 25-28.)

Francine dice que Jesús no creía en esa entidad llamada Diablo y que sabía que esas «posesiones» no eran más que enfermedades o trastornos mentales, pero tenía que responder a los fariseos con sus propias creencias supersticiosas en el Diablo, de manera que usó esa creencia en el Diablo para hacerse entender. Ella dice también que Jesús sabía muy bien que el mal en el mundo estaba causado por los hombres, y ése es el motivo por el cual estaba tan en contra de los fariseos y el Sanedrín, cuyo comportamiento era hipócrita. Según Francine, Jesús sabía que estaba luchando contra los poderes establecidos y que acabaría sufriendo su Pasión por ello, pero él luchaba contra las leyes judaicas estúpidas y su hipocresía con cada aliento, e intentó retrasar su destino lo máximo posible.

Ahora llegamos a otro tipo de milagro realizado por Jesús... el de controlar las fuerzas físicas de la naturaleza. Primero oímos hablar de este tipo de milagro en Mateo 8, 23-27, en Marcos 4, 36-40 y en Lucas 8, 23-25, cuando Cristo y sus discípulos están en el mar en una barca. Según los tres evangelios mencionados, mientras estaban atravesando el mar, se desató una tormenta que amenazaba con hundir la barca. Jesús estaba durmiendo; lo despertaron y, supuestamente, él reprendió al viento y al agua, y la tormenta se calmó inmediatamente.

También oímos decir que Jesús caminó sobre las aguas (Mateo 14, 22; Marcos 6, 45-51; Juan 6, 17-21, cuando envió a sus discípulos por delante de él en una barca y les dijo que se reuniría con ellos después de ir a rezar a solas en la montaña. Mateo da más detalles sobre el incidente y cuanta que Pedro intentó caminar sobre el agua hacia Jesús cuando lo vio, pero sintió miedo, se empezó a hundir y Jesús lo rescató.

En Marcos 8, 22-25, Jesús cura a un hombre ciego con saliva. Según Francine, Jesús encontró agua con un gran contenido alcalino, sumergió sus manos en el agua y lavó los ojos del hombre. Esto le quitó las cataratas y las costras que se habían formado en los ojos del hombre debido a las moscas. Incluso en la actualidad, cuando viajo a Kenia, veo a los Masai y a otras tribus, como los Samburu, con moscas caminando por sus rostros, brazos y manos, y jamás las espantan. Eso me pone nerviosa, pero supongo que ellos sienten que es inútil porque hay muchas, y luego las moscas ponen huevos en el tejido húmedo. Pero piensa en esto: ¿no es milagroso que Jesús supiera exactamente qué era lo que iba a curar el problema? Algunos de sus conocimientos y métodos curativos provienen del tiempo que pasó en la India, pero también obtenía conocimientos directos de Dios. No era un médico diplomado, pero la orientación que recibía de Dios le proporcionaba métodos y habilidades curativas, así como algunas revelaciones sobre las hierbas y sus usos. De eso vivían todos los auténticos mensajeros... de sus conocimientos, sus visiones y sus actos.

Jesús también curó a otros dos ciegos (Mateo 9, 28-30) mediante la imposición de manos y, según la Biblia, debido a su fe. Vemos muchas sanaciones de Jesús que están descritas de esta manera. Como he contado en otros libros, la mente puede ser una poderosa herramienta para la autocuración. He visto cómo la hipnosis obra maravillas en muchos clientes, los cuales se han curado de cáncer y otras enfermedades. La medicina holística está usando métodos de meditación que utilizan la capacidad de la mente para visualizar, con un éxito maravilloso en el tratamiento de enfermedades y dolencias. Si la mente está convencida, se relaciona con el cuerpo con esa convicción y pueden tener lugar curaciones. Si en este caso, los hombres estaban convencidos en sus mentes de que Cristo podía sanarlos, entonces se curaban, no sólo por las habilidades sanadoras de Jesús, sino también por su propia creencia.

En este incidente también leemos que Cristo pide a los hombres que no hablen a nadie de la sanación o que no digan que él la hizo. Leemos que Cristo decía esto continuamente a las personas que sanaba... «No le digas a nadie que yo te he curado». Claro que la naturaleza humana se impuso y, por lo general, aquellos que habían sido sanados iban y le contaban a todos los que se encontraban que Jesús los había curado. Estoy segura de que Cristo hacía esto en un esfuerzo por intentar reducir su creciente fama, pero como leemos en la Biblia, eso fue inútil y su fama continuó extendiéndose por todas partes.

Jesús hizo muchos milagros más durante sus viajes por Galilea: expulsó a una legión de demonios de un hombre en Gadara y éstos entraron en unos cerdos, los cuales se mataron ahogándose en el mar (Mateo 8, 28-32; Marcos 5, 2-13; Lucas 8, 27-33); resucitó a la hija de doce años de Jairo, un gobernante, en la sinagoga (Mateo 9, 18-25; Marcos 5, 25-34; Lucas 8, 43-48); curó a una mujer con un problema de hemorragias con sólo tocar su vestido (Mateo 9, 20-22; Marcos 5, 25-34; Lucas 8, 43-48); sanó a un mudo que supuestamente estaba poseído por un demonio (Mateo 9, 32-33); volvió a sanar desde la distancia a la hija poseída de una mujer que tenía fe (Mateo 15, 22-28; Marcos 7, 25-29); sanó a un sordomudo (Marcos 7, 32-37); curó a muchos mudos, ciegos, cojos y lisiados (Mateo 15, 30-31); sanó a una mujer que tenía una deformidad en la columna vertebral, en Sabat (Lucas 13, 10-17), y ésta, una vez más, fue una historia en la que Jesús se justificó por haber realizado su trabajo en el día del Sabat, contra las leyes y costumbres judías; resucitó a Lázaro de entre los muertos (Juan 11, 1-44); curó a un hombre que tenía hidropesía (edema), otra vez en Sabat, delante de los fariseos (Lucas 14, 1-6); curó a diez leprosos (Lucas 17, 12-19); volvió a curar a dos ciegos que estaban en el camino (Mateo 20:30-34) y este incidente también se menciona en

Marcos y Lucas, pero en su versión sólo hay un ciego (Marcos 10, 46-52; Lucas 18, 35-43); y curó la oreja de un sirviente del sumo sacerdote que le había cortado uno de sus discípulos cuando Jesús fue arrestado (Lucas 22, 50-51). También hay varios milagros realizados por Jesús, que quisiera comentar en más detalle.

Jesús curó a un chico poseído (Mateo 17, 14-20; Marcos 9, 16-29; Lucas 9, 38-43), y cuando leemos esta historia, queda muy claro que no se trataba de un caso de posesión, sino de epilepsia. El chico tuvo un fuerte ataque delante de Jesús, con espuma en la boca y contorsiones rígidas. Si alguien sabe o lee lo que es la epilepsia y sus diversas formas, muchas de esas «posesiones» que aparecen en la Biblia describen ciertos tipos de epilepsia. Jesús sabía, después de haber curado al chico, que éste debía dormir. Cuando yo daba clases tuve un alumno epiléptico y, después de un episodio que el chico tuvo en la escuela, el médico me informó de que debía dormir. Ahora bien, este consejo me lo dieron en el siglo veinte, pero Cristo conocía este tratamiento hace casi dos mil años. Debemos recordar que cuando se escribió la Biblia la gente no conocía las enfermedades como la epilepsia y creían que las personas que tenían estos episodios estaban «poseídas por el diablo o los demonios». La ignorancia sobre este tipo de enfermedades se convirtió en una creencia que todavía se perpetúa y se cree en la actualidad, y eso simplemente demuestra que las supersticiones pueden transmitirse de generación en ganeración.

Jesús convirtió varios panes y unos cuantos peces en comida suficiente para alimentar a miles de personas. En realidad, esto ocurrió dos veces en la Biblia: en una ocasión, cuando dio de comer a cinco mil personas (Mateo 14, 15-21; Marcos 6, 36-44; Lucas 9, 12-17; Juan 6, 5-13) y en otra ocasión, cuando dio de comer a cuatro mil personas (Mateo 15, 32-38; Marcos 8, 1-9). Francine dice que Jesús también curó a Bartimaeus, un hombre ciego de nacimiento, tomando un poco de lodo, mezclándolo con saliva, colocándolo sobre sus ojos y luego diciéndole que fuera a lavarse los ojos en un estanque cercano. Bartimaeus lo hizo y descubrió que podía ver (Juan 9, 1-44). El Evangelio de Juan atribuye una gran importancia a este milagro, puesto que le dedica todo un capítulo.

Los estudiosos dicen que los cuatro evangelios de la Biblia fueron escritos entre los años 50-70 d. C. y 120 d. C. La mayoría de ellos cree que el primer libro que se escribió fue el de Marcos, seguido de los de Mateo, Lucas y Juan. El Evangelio de Juan es único, en comparación con los otros, y es por ese motivo que los evangelios de Mateo, Marcos y Lucas se llaman los *evangelios sinópticos*, porque todos ellos cuentan la historia de Jesús básicamente de la misma manera. El Evangelio de Juan también cuenta la vida de Cristo, pero a veces difiere de los otros evangelios en la narración, especialmente en la cronología y al mencionar hechos de la vida de Cristo que los otros no mencionan. Tal es el caso de la curación de Bartimaeus, de la que no hablan los otros evangelios.

También es interesante notar que Juan menciona menos milagros que cualquiera de los otros evangelios, pero los que menciona parecen ser los importantes. Además, vemos que el Evangelio de Juan es mucho más filosófico y que se esfuerza mucho por transmitir esa filosofía. En la historia de la curación de Bartimaeus, por ejemplo, leemos en Juan 9, 1-3, una vez más, sobre la premisa de la reencarnación y el karma: «*Y Jesús, al pasar, vio a un hombre que era ciego de nacimiento. Sus discípulos le preguntaron: "Rabí, ¿quién ha pecado, este hombre o sus padres, para que naciera ciego?". Jesús respondió: "Ni este hombre, ni sus padres, han pecado. Nació ciego para que las obras de Dios se manifestaran en él"*». Aquí tenemos a los discípulos preguntando de manera casual si el hombre pecó (en su vida anterior) o si sus padres pecaron (recibieron el karma teniendo a un hijo ciego de nacimiento) porque el hombre había *nacido* ciego. Cristo luego replica que no es por ninguno de esos motivos, sabiendo que el hombre era ciego de nacimiento, de modo que él pudo sanarlo en un momento señalado para que la gente pudiera ver el poder de Jesús y de Dios. Eso fue lo que quiso expresar cuando dijo «que las obras de Dios se manifestaran en él», refiriéndose a las obras de Jesús y Dios en la sanación.

El capítulo presenta más significados filosóficos cuando Bartimaeus es llevado ante los fariseos para explicar cómo fue sanado y quién había realizado la sanación. Una de las principales premisas de la reencarnación es que, a veces, las almas avanzadas eligen vidas que tienen algún problema (ciegas, minusválidas, con síndrome de Down, etc.) con la finalidad de ayudar a las personas del entorno a perfeccionar sus almas. Sin estas personas maravillosas, muchos no serían capaces de aprender y hacer progresar a sus propias almas si no fuera porque están en contacto estrecho con ellas como padres, hermanos, amigos, etc. La persona que se encarnó como Bartimaeus llegó a la vida con una ceguera para poder ser un ejemplo resplandeciente para todos de la habilidad sanadora de Cristo y del poder de Dios.

Me gustaría comentar también el milagro de la Transfiguración de Cristo (Mateo 17, 1-9; Marcos 9, 1-8; Lucas 9, 28-36). Cristo llevó a varios de sus discípulos a lo alto de una montaña y luego se transfiguró, y sus discípulos le vieron hablando con Elías y Moisés. La Biblia intenta explicar lo que significa «transfigurado» describiendo cómo resplandecía Cristo con una luz celestial y sus ropas adquirieron un color blanco purísimo. Lo que estaban intentando explicar era una experiencia «fuera del cuerpo» (proyección astral o viaje astral) que Jesús estaba teniendo. Cristo, con su poder y su formación en la India, habría sido capaz de hacer esto a voluntad y probablemente con más poder que la mayoría de la gente y, en consecuencia, fue visto por los discípulos en ese estado astral. Cuando una persona entra en un estado astral (prácticamente todos lo hacemos, a veces dos o tres veces por semana; lo que pasa es que normalmente no lo recordamos conscientemente), adopta su cuerpo astral, que es el cuerpo del alma, y muchas veces pasa al Otro Lado (el Cielo). Esto, sin duda, era lo que estaba haciendo Jesús: fue al Otro Lado en un estado astral y habló con Moisés y Elías. Todos ellos deben de haber parecido estar en un estado glorificado, porque lo estaban. Como he explicado en mis libros, en el Otro Lado los colores son mucho más vívidos (ver los pasajes de los evangelios que describen el más blanco de los blancos) y brillantes, y el semblante puede cambiar por la preferencia personal. El milagro aquí no es que Jesús entrara en un estado astral, ya que la mayor parte de nosotros lo hace de vez en cuando, sino que los discípulos fueran capaces de ver y oír a Cristo, a Moisés y a Elías en el Otro Lado. El incidente de la Transfiguración acaba con Dios adoptando la forma de una nube y diciendo a los discípulos que escucharan a Jesús.

Ahora bien, mi guía dice que la mayoría de los milagros de Cristo fueron reales, pero que muchos de ellos fueron exagerados por los escritores de la Biblia. Ella dice que Cristo ciertamente tenía unos conocimientos que estaban muy por delante de su tiempo. Lázaro fue un buen ejemplo. Lázaro no estaba muerto (la Biblia dice que llevaba cuatro días muerto, dentro de su tumba, cuando Jesús llegó a verlo), sino en un coma profundo. Nuestro Señor sabía esto y empezó a hablarle para hacerle recobrar la consciencia. (Últimamente, la mayoría de los médicos recomiendan que hablemos con las personas que están en estado de coma, porque así las probabilidades de que recuperen la consciencia son mucho mayores que si no les hacemos caso). Lo que estoy intentando decir es, una vez más, que Jesús tenía unos conocimientos muy avanzados para haber conocido esta información médica que recién ahora han salido a la luz.

Con una combinación de sus conocimientos innatos, los conocimientos de la India, Egipto y el Lejano Oriente, y los conocimientos que obtenía de su Padre celestial, además de sus propias habilidades psíquicas y el poder de Dios que él atraía, Nuestro Señor fue el hombre más poderoso que haya realizado milagros en la historia de la Tierra. Sus curaciones y milagros son, ciertamente, una gran parte del legado que dejó como prueba de su divinidad.

CAPÍTULO 5

María Magdalena, las bienaventuranzas de Cristo

En Israel había tantas mujeres que se llamaban María que incluso la Biblia es confusa al respecto, porque prácticamente una cuarta parte de ellas llevaba el nombre de María o algún derivado de María. En tiempos bíblicos, normalmente la gente que tenía el mismo nombre se identificaba añadiendo el nombre de su padre, o del pueblo, o de la región de la que provenía. Así pues, tenemos a María Magdalena (María de Magdala) y a María de Betania, y Santiago, hijo de Zebedeo, y Santiago, hijo de Alfeo, como ejemplos de esta forma de identificación. Digo esto porque durante años la Iglesia católica identificó a María Magdalena como una pecadora y como la mujer que ungió los pies de Jesús y los limpió con sus cabellos, y también como la adúltera a quien Cristo salvó, tal como se expresa en Juan 8, 3-11. Se equivocaron completamente en todos estos retratos.

En la actualidad, la mayoría de estudiosos cree que Maria Magdalena no fue ninguna de las mencionadas arriba y que, ciertamente, son dos retratos de dos mujeres completamente distintas. María de Betania era la hermana de Lázaro y de Marta, y los estudiosos creen que fue la pecadora que ungió la cabeza y los pies de Cristo con un aceite muy caro, tal como se narra en Mateo 26, 7-13, en Lucas 7, 37-49 y en Juan 11, 1-2. La Biblia no dice qué tipo de pecadora era, pero la mayoría de los estudiosos cristianos dice que era una prostituta. En Juan 8, 3-11 no se menciona el nombre de la mujer que es la adúltera, pero no tiene ninguna relación con María Magdalena o María de Betania y, por lo tanto, es una tercera mujer cuyo nombre no conocemos.

¿Por qué iba la Iglesia a asociar a María Magdalena con una pecadora y una persona de mala reputación? Es posible que supieran lo que yo sé y quisieran ocultar la realidad del matrimonio entre Jesús y María Magdalena y la devoción que se tenían, por temor a que eso le restara divinidad. Además, la Iglesia no quería que las mujeres sobresalieran y, ciertamente, no quería que María Magdalena fuera una verdadera asistente, o compañera, o incluso discípula principal de Jesús, además de ser su esposa. Los esfuerzos de la Iglesia primitiva sin duda tuvieron su efecto, porque aunque recientemente la Iglesia ha absuelto a María Magdalena del ignominioso edicto del Papa Gregorio I en el año 591 d. C. y la considera una santa, dicho edicto presentó siempre la imagen de que María Magdalena era una prostituta y una pecadora, y muchos cristianos todavía tienen esa creencia.

Vamos a aclarar también la historia en la que Cristo libera a siete demonios del interior de María Magdalena (Lucas 8, 2; Marcos 16, 9). La Iglesia primitiva ya había decidido que María Magdalena era una pecadora y una prostituta a la que Jesús acabaría redimiendo. Al crear esta farsa aceptada por la Iglesia, elaboraron algunos datos con su modificación de la Biblia. ¿Qué mejor manera de confirmar que María Magdalena era una pecadora que haciendo que tuviera siete demonios en su interior que la hacían pecar? Hacer que Jesús liberara a esos «demonios» convertiría inmediatamente a María Magdalena en una «pecadora» redimida y salvada que sería digna de ser la primera en ver a Cristo después de su supuesta resurrección. Francine dice que toda esta premisa según la cual María Magdalena tenía siete demonios en su interior es completamente falsa. Como dije antes,

Jesús conocía a María desde que era niño; la amaba, y acabó casándose con ella.

También es extraño que más adelante los siete diablos o demonios se convirtieran en los siete pecados mortales de la Iglesia. En sus estudios en la India, Jesús había conocido la creencia de que todas las enfermedades provienen de espíritus malignos o demonios, porque en aquella época no se sabía nada sobre los gérmenes o las enfermedades. La práctica de la sangría, para dejar que los malos humores o los demonios salieran con la sangre, era una consecuencia de esta creencia. Jesús sabía que estaba comunicándose con una población inculta y que tenía que utilizar creencias y terminologías que ellos puedieran aceptar. Francine dice que él conocía la diferencia, pero que nadie lo habría comprendido, de modo que utilizaba únicamente los recursos de los que disponía. ¿Te imaginas cuán difícil hubiese sido decirle a una población inculta y supersticiosa que su creencia de que el diablo y los demonios provocaban las enfermedades no era cierta? Habría sido imposible para Jesús convencerlos de que dejaran de creer en eso; se habrían reído y burlado de él, más de lo que ya se mofaban. Él tomó el camino más conveniente y dejó que mantuvieran la creencia de que él expulsaba a los demonios, en lugar de curar una enfermedad. Su misión era demasiado importante como para arriesgarse a ser saboteado por las creencias arcaicas.

En Lucas 8, 3 María Magdalena, Juana, la mujer de Cusa (el administrador de Herodes), una mujer llamada Susana y muchas otras mujeres atendieron a Cristo y a sus discípulos, y estas mujeres tenían medios o bienes (lo cual quiere decir que eran ricas). Esto corrobora lo que dije antes: que María Magdalena provenía de una familia acaudalada. Estas mujeres, y otras, ayudaban a la manutención de Jesús y sus discípulos en sus viajes pagando sus gastos y se ocupaban de sus necesidades, haciendo cosas como remendar, lavar y cocinar. Jesús y María Magdalena ya se habían casado en Caná, y varios discípulos también estaban casados, y debemos suponer que algunas de sus esposas, si no todas, debían de viajar con ellos. Por lo tanto, Jesús y sus discípulos tenían recursos para viajar a voluntad y era lógico que en su vida pública Jesús viajara con mujeres. Aunque estaba mal visto que mujeres solteras viajaran con hombres, las interminables multitudes que seguían a Cristo hacían que esto fuera más fácil, porque se mezclaban con la muchedumbre, por así decirlo. Su grupo central parecía, en resumidas cuentas, un grupo de personas en una sociedad, y Jesús, en su vida pública, estaba intentando mostrar la igualdad entre hombres y mujeres.

Mientras la fama de Jesús se extendía, él fue reuniendo cada vez más seguidores y discípulos. Su séquito estaba compuesto por cientos de personas y muchas eran enviadas antes que él para proclamar su llegada a los lugares en Galilea y Judea. Enviaban el aviso a la población de que un nuevo maestro y profeta iba a venir, y que podía sanar y hacer milagros. Dondequiera que Jesús fuera, muchedumbres y multitudes le esperaban, así como muchas personas que necesitaban el milagro de la curación. Entre esas multitudes había también numerosos sacerdotes y fariseos, quienes informaban al Sandedrín de todas las acciones y palabras de Cristo.

Las leyes y las costumbres judías eran muy estrictas, y el más ligero incumplimiento de ellas hacía que la persona fuera reprendida y castigada. Jesús, habiendo estudiado en el extranjero y obtenido su sabiduría, sentía que muchas de esas leyes y costumbres eran estúpidas y absurdas. Especialmente, estaba en desacuerdo con la ley del Sabat, que impedía que se realizaran buenas obras y actos en ese día. Según la Biblia, él incumplió esta ley en varias ocasiones, continuamente. Jesús perdonaba los pecados a las personas, lo cual era considerado una blasfemia, porque sólo Dios podía hacer eso, y en poco tiempo se vio enfrentado a fariseos, sacerdotes y al Sanedrín. Si un sacerdote o un fariseo se dirigía a él por algo concerniente a la ley, inevitablemente, Jesús los acusaba de hipocresía y les daba una clara explicación de por qué él tenía la razón y ellos estaban equivocados. El pueblo se asombraba y se maravillaba con las enseñanzas y las explicaciones de Jesús, y él se volvió todavía más popular.

Esta popularidad puso al Sanedrín y a los fariseos en un apuro. Si ellos intentaban arrestarlo o denunciarlo públicamente, podían perder autoridad a ojos de la gente y quizás incluso provocar disturbios generalizados. En sus celos y su temor a perder poder, los fariseos y el Sanedrín empezaron a planear la muerte de Jesús de Nazaret. Ellos sabían que tenían que hacer que Jesús cayera en la trampa de sus propias palabras, y sus espías les habían informado en numerosas ocasiones de que estaba diciendo constantemente que él era el Mesías que había sido profetizado. Ellos sabían que no podían dejarlo pasearse libremente por el país soltando sus herejías y sus blasfemias contra las estrictas leyes judías, pero también sabían que Jesús se estaba volviendo cada vez más osado y más desafiante con sus prédicas y sus palabras... y pensaron que podían hacerlo caer en una trampa dentro de la Ley.

Jesús predicaba y hablaba de un Dios amoroso, un Dios que perdonaba y era bondadoso, mientras que los fariseos y el Sanedrín permanecían fieles al Dios de Moisés, que había establecido unas leyes estrictas y unos mandamientos. El Dios de Moisés era tal, que si no creías en Él, puesto que era un Dios vengativo y lleno de ira, hacía caer la destrucción sobre ti y estabas condenado a una vida de infelicidad en el infierno en el Día del Juicio Final. Pero ahí estaba Jesús, enviado como mensajero de Dios para intentar establecer la verdad de una vez por todas. Hay que tener en cuenta que en aquella época la religión se basaba en la culpa, la falta de valía y el miedo a Dios, como lamentablemente todavía sigue ocurriendo hoy en día.

Los sermones de Cristo en su vida pública muestran su bondad y su sabiduría al traer la «Nueva Ley». Creo que sus Bienaventuranzas son incluso más poderosas que cualquiera de los escritos de otras religiones. Él enseñó los sencillos mandamientos de *«Ama a tu prójimo como a ti mismo»* y *«Trata a los demás como te gustaría que te traten»*. Estas perlas de sabiduría, que han pasado la prueba del tiempo, contienen casi todos los Diez Mandamientos, excepto los dos primeros, que son básicamente: «No tendrás a ningún otro Dios antes que yo y no harás ningún ídolo de mí», «No pronunciarás el nombre de Dios el Señor en vano» y «Mantendrás el Sabat como día sagrado». El concepto judío de Dios le atribuye muchas características humanas, como el amor, la ira, los celos, etc. El Dios de los Diez Mandamiento es definitivamente un Dios del Antiguo Testamento que tiene las características humanas de la ira y los celos, y que incluso dice que está celoso en el texto hebreo del primer mandamiento.

Teniendo esto presente, las enseñanzas de Cristo eran demasiado simples para el pesado dogma de la época. Con esto no pretendo criticar, porque la gente sólo conoce lo que le han enseñado. Esto todavía existe hoy en día, porque cuando hago mis lecturas, las personas que se encuentran en una situación difícil se preguntan por qué Dios las odia, o si han hecho algo para despertar la ira de Dios, o si Dios no se preocupa por ellas. Nada de lo anterior es cierto, pero las viejas normas se mantienen, y Cristo ciertamente tuvo un viaje triste y duro, establecido por su Carta para Dios.

Sin embargo, Cristo perseveró, incluso soportando al Sanedrín y todo tipo de burlas y escepticismo. Como dije antes, casi lo arrojan por un precipicio y en varias ocasiones la gente quiso lapidarlo hasta la muerte por sus enseñanzas. Pero él continuó moviéndose por ahí, intentando llegar a la mayor cantidad de gente lo más rápido posible, porque sabía que tenía poco tiempo. Viajaba principalmente a Galilea, porque cuando iba a Judea era perseguido con más frecuencia por sus enemigos. Era bienvenido en la mayoría de las mejores casas, y normalmente lo recibían personas que estaban más inclinadas a las creencias gnósticas y eran creyentes que simpatizaban con su prédica.

Estoy segura de que puedes encontrar algunas de las Bienaventuranzas que él dio durante su vida pública, pero me gustaría incluirlas aquí con la esperanza de que las leas, quizás con una nueva mirada, o con un significado más profundo de su prédica. En realidad hay dos grupos de Bienaventuranzas: las más conocidas se encuentran en el capítulo 5 de Mateo y las menos conocidas en el capítulo 6 de Lucas, que muchas veces transmite la misma sabiduría pero con otras palabras. Las Bienaventuranzas abarcan y tratan todas las facetas de la vida, y empezaremos con lo que podríamos llamar las «Bienaventuranzas secundarias», que se encuentran en Lucas.

Lucas 6, 17-49 dice: «*Y al bajar con ellos, se detuvo en una explanada en compañía de sus discípulos, y había una gran muchedumbre de gente de todo Judea y Jerusalén, y del litoral de Tiro y de Sidón, que había llegado para escucharlo y para ser curada de sus enfermedades*». (Esto muestra hasta dónde podríamos decir que se extendió su popularidad, una vez más debido a que los discípulos iban a decirle a la gente que fuera a escuchar hablar a este hombre divino y a ser curada de sus enfermedades o espíritus impuros). «*Y aquellos que estaban atormentados por espíritus impuros fueron curados. Y toda la muchedumbre quería tocarlo, porque él emanaba virtud y curaba a todos.*» (Esto demuestra que él ya era conocido como sanador, y a nadie se le puede escapar el hecho de que la energía sanadora (la virtud) que Dios le proveía emanaba de él como una energía cinética para curar a todos los que estaban a su alrededor. También sabemos que si te liberas del miedo y de las dudas, y si tienes la fe o la convicción suficientes, puedes ser sanado). «*Y él, levantando la mirada hacia sus discípulos, dijo:*

> "*Bienaventurados los pobres, porque vuestro es el Reino de Dios*". (Creo que cualquier persona que lea esto puede darse cuenta de que Jesús no se está dirigiendo únicamente a los pobres, sino también a aquellos que no están tan obsesionados con los objetos terrenales que los alejan de su centro divino.)

> "*Bienaventurados los que ahora tenéis hambre, porque seréis hartos*". (Espiritual y físicamente.)

"Bienaventurados los que ahora lloráis, porque reiréis". (Todas las cosas pasan, e incluso si la vida es dura, el Otro Lado es la dicha.)

Bienaventurados seréis cuando los hombres os odien, y os expulsen, os censuren y proscriban vuestro nombre como infame por causa del Hijo del hombre". (Está hablando para nosotros, pero casi para sí mismo, porque si obras realmente con Dios... ¿quién puede hacerte daño verdaderamente?)

"Alegraos aquel día y regocijaos, porque vuestra recompensa será grande en el cielo. Porque así trataban también sus padres a los profetas". (Una vez más, no importa... tienes que ir con tu propio Dios y con el amor de Dios.)

"Pero ¡ay de vosotros los ricos, porque ya tenéis vuestra consolación!" (Esto no significa que uno no pueda tener riqueza, simplemente que uno no debe dejar que ésta lo consuma y bloquee su espiritualidad.)

"¡Ay de los que estáis hartos, porque tendréis hambre! (Nunca hay que dejar de aprender). *¡Ay de los que ahora reís, porque gemiréis y lloraréis!"* (Esto parece negativo, pero aquí Jesús está intentando mostrar lo rápido que cambia la vida y que debemos saber que existe lo bueno y lo malo.)

"¡Ay de vosotros cuando os alaben todos los hombres, porque así alababan sus padres a los falsos profetas!" (Ten cuidado con tu ego. Mantente bajo control y no te dejes atrapar por tus propios sentimientos de santidad.)

"Pero yo os digo a vosotros que me escucháis: Amad a vuestros enemigos; haced el bien a los que os odian". (El odio engendra odio, que es negativo y puede conducir al mal. Jesús también está yendo contra el axioma del Antiguo Testamento de «ojo por ojo...».)

"Bendecid a los que os maldicen y rezad por aquellos que os calumnian". (Difaman). (No caigas en la trampa de responder

de la misma manera cuando es algo negativo, porque la negatividad atrae negatividad.)

"Y al que te abofetee en una mejilla, ofrécele también la otra. Y a quien te quite el manto, dale también tu túnica". (La violencia engendra violencia, y también vemos aquí las influencias pasivas de sus estudios en el Lejano Oriente.)

"Da a quien te pide, y a quien te quite lo tuyo, no se lo vuelvas a pedir". (Dar a quien pide es divino, pero ten cuidado con lo que pides.)

"Y trata a los hombres como queréis que ellos os traten a vosotros". (La regla de oro.)

"Y si amáis a los que os aman, ¿qué mérito tenéis? Porque también los pecadores lo hacen".

"Y si prestáis a aquellos de quienes esperáis recibir, ¿qué mérito tendéis? Porque los pecadores también prestan a los pecadores, para recibir ellos otro tanto".

(Los tres axiomas de arriba están diciendo básicamente lo mismo: dar sin pensar en lo que vas a recibir a cambio es divino, pero dar con el pensamiento de obtener algo a cambio no lo es.)

"Pero vosotros amad a vuestro enemigos, haced el bien y prestad sin esperar nada a cambio, y vuestra recompensa será grande y seréis hijos del Altísimo, porque Él es bueno con los ingratos y con los malvados". (Haz buenas obras sin pensar en lo que recibirás a cambio y trata a los demás con amabilidad. Fíjate también que aquí Jesús vuelve a hablar de un Dios compasivo y que perdona, que incluso ama y trata con amabilidad a los ingratos y a los malvados.)

"Sed, por lo tanto, misericordiosos, como vuestro Padre es misericordioso". (Intenta ser tan amoroso, amable y compasivo como Dios.)

"No juzguéis y no seréis juzgados. No condenéis y no seréis condenados. Perdonad y seréis perdonados". (Ésta es mi favorita y

realmente me gustaría que más de los llamados «cristianos» tuvieran esto marcado en sus almas. Un verdadero cristiano jamás diría; «Si no estás salvado por la sangre de Jesucristo, estarás condenado al infierno», porque eso no sólo es juzgar, sino también condenar. Si alguna vez oyes a un predicador, evangelista o sacerdote decir esto... corre, porque verdaderamente no comprende el significado de las enseñanzas de Cristo.)

"Dad y se os dará; se os dará una buena medida, apretada, agitada y rebosante; porque con la medida con que midáis seréis medidos vosotros". (Simplemente, esto quiere decir que lo que des, tanto si es positivo como si es negativo, será lo que recibirás.)

"¿Puede un ciego guiar a otro ciego? ¿Acaso no caerán los dos en el hoyo?" (Piensa por ti mismo; si sigues a alguien ciegamente y esa persona está ciega, acabarás siendo como ella.)

"El discípulo no está por encima de su maestro: pero todos serán perfectos, si son como su maestro". (Ninguno de nosotros está por encima de Dios, pero al esforzarnos por ser como Dios, todos somos perfectos ante Dios, sin importar qué fe o qué religión practiquemos.)

Las que yo llamo las «Bienaventuranzas conocidas» están en Mateo, pero no he querido ignorar las que están el Lucas, porque muestran que Cristo estaba intentando darnos una fórmula para la vida que hasta entonces sólo habían sido conocimientos esotéricos. Ésta viene a ser la base de la vida: vivir y enfrentarnos a las situaciones cotidianas. Fíjate en cómo todo nos lleva a hallar nuestra propia espiritualidad. Esto nos muestra, una vez más, que Jesús estaba más interesado en cómo vivía su vida una persona, que en cómo cumplía las reglas, las leyes y el dogma de la religión.

En Mateo, Capítulo 5, 1-12 encontramos las Bienaventuranzas «clásicas», más citadas y más populares en el Sermón de la Montaña:

«Al ver a las multitudes, subió a la montaña, se sentó y se le acercaron sus discípulos. Y abriendo su boca, él se puso a enseñarles, diciendo:

"Bienaventurados los pobres de espíritu, porque de ellos es el reino del cielo". (Al decir «pobres» quiere decir sin complejidad y dogma, y que simplemente aman a Dios).

"Bienaventurados los afables, porque ellos poseerán la tierra". (Siempre he sabido que esto era irónico. Si eres demasiado amable y suave, lo único que conseguirás es este mundo, así que defiende tus creencias.)

"Bienaventurados lo afligidos, porque ellos serán consolados". (Todos morimos, pero todos llegamos al conocimiento de que estaremos todos juntos en el Otro Lado.)

"Bienaventurados los que tienen hambre y sed de justicia, porque ellos serán saciados". (Si intentas ser justo y recto, no importa cuánto tengas que esperar, volverás a estar en la cima.)

"Bienaventurados los misericordiosos, porque ellos obtendrán misericordia". (No siempre ocurre de la manera correcta, pero el karma también funciona de una forma positiva).

"Bienaventurados los que son limpios de corazón, porque ellos verán a Dios". (Todos veremos a Dios en el Otro Lado después de cada uno de nuestros viajes de una vida tras otra).

"Bienaventurados los que trabajan por la paz, porque ellos serán llamados hijos de Dios". (Hay mucha discordia en este mundo, y si intentas mantener la paz estás extendiendo tu alma hacia una mayor espiritualidad.)

"Bienaventurados los que son perseguidos por ser justos, porque de ellos es el reino de los cielos". (Casi se puede ver su formación espiritual pasiva en la India, porque muchas de las Bienaventuranzas parecen estar impulsadas por el karma. Recuerda siempre que, no importa cuántas injusticias sufras en la vida, Dios siempre sabe cuál es realmente la verdad).

"Bienaventurados seréis cuando os injurien, os persigan y digan contra vosotros toda suerte de calumnias por causa mía: Alegraos y regocijaos, porque vuestra recompensa será muy grande en los cielos. Pues también persiguieron a los profetas antes que a vosotros"». (Sé que muchos interpretan que esto significa persecución por creer en Cristo, pero me gusta interpretarlo como persecución por creer en la verdad, de la cual Cristo era un símbolo. También se asemeja mucho a mi vida... con mis críticos y detractores, porque más adelante Cristo dice que no debes ocultar tu luz debajo de un arbusto, sino que debes dejar que brille ante los hombres. Bueno... creo que estoy intentando hacer eso, y sé que cuando muera iré al Otro Lado, como todos vosotros).

Esto se resume en vivir correctamente y ofrecer consuelo a todos los que padecen las dificultades de la vida, y simplemente salir y mostrar tu amor y tus conocimientos Como siempre he dicho: Ama a Dios, haz el bien y luego cierra el pico y vete a casa. Si crees en Dios y lo amas, entonces ayuda a alguien... Una luz de verdad y espiritualidad que se mantiene oculta no hace ningún bien si uno se queda en casa con ella. Salid y ayudaos unos a otros. Esto no quiere decir que uno tenga que estar convirtiendo a la gente y predicando; simplemente haz buenas acciones para los demás y de esa manera estarás realizando tu Carta, sin importar cuáles sean tus temas o tu propósito.

Incluso cuando Jesús enseñó el Padre Nuestro en la montaña... vemos una vez más que siempre honraba a su Padre en el Cielo. Jamás comenzó el Padre Nuestro diciendo: «Mi Jesús aquí en la Tierra». Es triste... porque el cristianismo ha convertido a Jesús en el único Dios y ha olvidado al Padre, e incluso más todavía a la Madre.

Ciertamente, puedes leer estas cosas por ti mismo en la Biblia, pero, como dije antes, debes leerla con una nueva mirada de amor, de vida correcta y de búsqueda espiritual. Es como dijo Jesús, en la tradición gnóstica: «Buscad y encontraréis, llamad y se os abrirá».

Si dejas de buscar la verdad, entonces te vuelves satisfecho contigo mismo y en realidad no comprendes de qué se trató la vida de Jesús.

Mientras Jesús viajaba por Galilea y las zonas colindantes, hablaba principalmente sobre el Reino de Dios y sobre el amor y el perdón de Dios. Era lo que hoy en día llamaríamos no sólo un maestro espiritual, sino también un conferenciante motivador. Era el único que le decía a la gente cómo vivir, cómo tratar a los sirvientes, cómo perdonar a un hijo que era ingrato y cómo tratar a las viudas, e incluso les enseñaba cómo establecer reglas en el hogar, cómo tener un matrimonio feliz y cómo administrar la economía. A diferencia de lo que ocurre actualmente, él trataba todos los problemas sociales de la época y daba consejos sobre ellos: intolerancia, opresión, impuestos y problemas políticos. Él era verdaderamente cómo se representaba: un pastor que guía a su rebaño hasta unos pastos en los que pueden alimentarse, en lugar de verlo todo sin esperanza.

María Magdalena siempre estaba con él, e incluso tomaba notas. Cuando encontraron su evangelio en Akhimim, Egipto, en 1896, contenía una información sumamente reveladora, y la mayor parte de ella no está en los cuatro evangelios canónicos. Ciertamente, mostraba que Jesús compartía con ella todas sus enseñanzas y que ella comprendía sus enseñanzas mejor que cualquiera de sus discípulos, porque posteriormente se la conoció como la «Apóstol para los Apóstoles». Esto debía de ser un gran honor, teniendo en cuenta la situación de la mujer en la época. Algunos textos gnósticos consideran a María Magdalena la primera discípula o apóstol, porque ella entendía las enseñanzas de Cristo tan bien que incluso interpretó algunas de ellas para Pedro y Santiago. En el Evangelio gnóstico de Felipe, reconoce el hecho de que a menudo Jesús besaba en la boca a María Magdalena y da a entender que ella era la más querida de todos sus discípulos. El Evangelio de Felipe es también uno de los motivos por los cuales algunos estudiosos creen actualmente que Jesús y María estaban casados.

Aparte de su prédica, jamás oímos hablar del «Cristo social». Mi guía dice que él tenía un sentido del humor muy desarrollado y que amaba a los niños... y con frecuencia se le veía jugando con una especie de pelota y aro en medio de un grupo de chicos excitados y risueños. Francine dice que a Jesús le encantaba lo que actualmente llamamos ir de «picnic»: llevar comida y bebida e ir a un bosque de olivos y comer, beber y charlar sobre todo tipo de cosas con sus discípulos y sus amigos.

No sólo le gustaba visitar los hogares de los más pobres, sino también ir a cenar a los hogares de la elite. Hablaba con personas de diferentes razas y religiones, aunque en esa parte del país no había realmente mucha variedad. Siempre había comerciantes y caravanas que llegaban, y a Jesús le encantaba oír hablar de tierras lejanas y tener noticias sobre las partes del mundo que él había visitado y en las que había estudiado.

Según muchos artistas, Cristo tenía un tono de piel muy oliváceo, casi moreno, como muchos árabes, con un cabello muy bonito que le llegaba hasta los hombros en suaves bucles. Francine dice que Jesús tenía una barba y un bigote muy bien recortados. Tenía unos labios llenos, una nariz aguileña, unos enormes ojos oscuros con unas manchas doradas, unas cejas perfectas y unos dientes hermosos. Tenía una estatura aproximada de un metro ochenta y tres, o un poco más, (lo cual era poco común en aquella época) y un cuerpo bastante delgado. Magdalena era pelirroja (lo cual tampoco era muy común), con ojos marrones y también tenía la piel olivácea. Medía un metro setenta de altura, lo cual también era más de lo que medía la mayoría de las mujeres de la época. Creo que la altura de Jesús le daba presencia e imponía respeto en un mundo en el que los hombres tenían suerte si medían entre un metro setenta y un metro ochenta. Incluso si te fijas en algunas armaduras de los museos, podrás ver que son tan pequeñas que te preguntarás cómo podían ponérselas. También he visto las camas de algunas de las antiguas misiones en California y parecen camas para niños.

En todos mis viajes, la única persona que encontré que fuera alta y grande en la armadura y en la ropa fue el rey Enrique VIII. Entiendo que María Estuardo medía un metro cincuenta y cinco, pero personas como ésas eran la excepción, no la regla. La mayoría de la gente de la Antigüedad tenía una estatura mucho menor que la de la gente de hoy en día, y ello era debido a la falta de alimentos o a una mala dieta (aunque Francine dice que los merovingios y los que pertenecían al linaje del rey David eran altos y que José era bastante alto, pues era un descendiente del rey David. María, la madre de Cristo, era también bastante alta para su época, de modo que debe de haber sido un diseño de Dios para hacerla destacar, así como debido a su ADN.

Jesús era de constitución fuerte, pero más en el sentido atlético, anguloso, que grande y musculoso. Creo que el clima y tanto caminar contribuyó a ello. Francine dice que él no era vegetariano, aunque lo había sido en un momento dado, en la India. Comía cordero, frutas, verduras, aceitunas, dátiles y pescado, que le gustaba muchísimo. Recuerda que Jesús participaba en las excursiones de pesca de sus discípulos. Su comida favorita era pescado, fruta, cordero y vino. En aquella época no había bebidas alcohólicas dignas de mención, excepto el vino, que era abundante y barato. Bebían vino porque la mayor parte del agua no era potable. A menos que subieran a las montañas para beber agua de manantiales, el agua potable era bastante escasa porque las aguas residuales de los pueblos entraban en los depósitos de agua. Aunque los judíos son un pueblo muy higiénico, no tenían tantos conocimientos sobre los sistemas de saneamiento y de alcantarillado. Los romanos tenían bastantes conocimientos sobre saneamiento, pero los sistemas de alcantarillado de cualquier tamaño estaban limitados a las ciudades grandes y pequeñas, y no a zonas rurales como Galilea. La contaminación de los depósitos de agua dio lugar a la lepra y a todo tipo de parásitos y enfermedades bacterianas, como la disentería amébica y la guiardiasis.

Jesús no parecía enfermar nunca, jamás, ni tener ningún tipo de dolencia física. Magdalena también tenía el privilegio de gozar de una buena salud y de no enfermar nunca, ni tener ningún tipo de mal. Debemos recordar que las comunidades hebreas estaban muy por delante del mundo en lo referente a la higiene. Por ese motivo sobrevivieron a las plagas en Europa, aunque muchos creían que la razón de esto era que se habían confabulado con el diablo. El pueblo judío se preocupaba por la limpieza y evitaban comer cerdo, y con razón, porque en aquella época los cerdos transmitían muchas enfermedades. Ahora sabemos que el cerdo no hay que comerlo medio hecho, porque transmite la triquinosis y otras enfermedades.

Como sabemos, mientras Jesús viajaba y socializaba, también curaba y enseñaba. Mi guía dice que únicamente los puntos más importantes de los sermones principales quedaron registrados, pero ella dice que él hablaba con grupos enormes y con muchedumbres al menos cuatro días o noches por semana. A veces sus sermones duraban horas y en ocasiones hacía dos al día. Normalmente no predicaba en Sabat, excepto ocasionalmente en la sinagoga, y ello se debía probablemente a su educación judaica y su obediencia a las viejas leyes rabínicas.

Es posible que tres años no parezca mucho tiempo, pero con este tipo de agenda Jesús literalmente llegó a miles de personas. Francine dice que hizo un sermón muy bonito sobre el matrimonio y los hijos y la santidad de lo femenino, pero que no fue trascrito. No podemos culpar a la Iglesia de esta omisión, porque los escribas originales, que tenían un formación judaica y unas creencias arcaicas sobre las mujeres, simplemente decidieron no ponerlo por escrito. Creo que esto se debió a que las viejas normas o las enseñanzas religiosas se resisten a desaparecer. Debemos tener en consideración que, aunque eran sus discípulos, habían sido educados en la ley judaica, la cual, como leemos en el Antiguo Testamento, trataba a las mujeres como si no valieran nada. Las antiguas creencias decían que las mujeres estaban hechas para trabajar, permanecer en silencio, parir y atender a sus maridos, por lo que no es de extrañar que no trascribieran un sermón sobre la igualdad de las mujeres.

En más de un caso, los discípulos de Cristo muestran muchos celos hacia María Magdalena. Evangelio de Felipe, un evangelio gnóstico que no fue incluido como canon en la Biblia, dice: «*Por lo que se refiere a la sabiduría llamada "la Estéril", ella es la madre de los ángeles. Y la compañera del Salvador es María Magdalena. Pero Cristo la amaba más que a todos los discípulos y solía besarla a menudo en la boca. El resto de los discípulos se sentía ofendido por ello y expresaba su desaprobación. Le decían: "¿Por qué la amas más que a todos nosotros?". El Salvador respondía y les decía: "¿Por qué no os amo como a ella?"*». Ahora bien, para ser justos, debemos decir que aquí falta una parte de este evangelio, justo en el momento en el que pone «en la boca», y esa traducción de esas tres palabras es una «conjetura» o suposición de los estudiosos. Francine dice que sí pone «boca» y que las palabras reales fueron *en la boca*. Aunque los estudiosos dicen que en aquella época la gente intercambiaba besos con frecuencia (Judas traicionó a Cristo con un beso, etc.), la parte de los celos debería darnos que pensar. Uno sólo tiene celos de alguien que muestra favoritismo, como el que Jesús mostraba hacia María Magdalena. Él le hacía confidencias, la amaba y quería que ella sacara adelante su Iglesia... no Pedro, como dice la Biblia.

Jesús sentía que Pedro era bueno, pero que en muchos sentidos era un poco tonto. Debemos recordar que Pedro era un pescador pobre que apenas había tenido alguna educación. La mayoría de nosotros sabe que se supone que Jesús le dijo a Pedro que él era la piedra sobre la cual se construiría su Iglesia (Mateo 16, 18). Francine dice que esto es erróneo y que éste es un ejemplo del humor de Jesús manifestándose, porque en realidad lo dijo irónicamente. «¿Por qué habría de edificar mi filosofía sobre ti, Pedro? Tú no tienes más valor o carisma que una piedra». Siempre me había preguntado (antes de oír la traducción de Francine) por qué Cristo había usado el término «piedra» para definir a Pedro, especialmente cuando uno se da cuenta de que predijo con exactitud, antes de su crucifixión, que Pedro le negaría tres veces antes de que cantara el gallo... lo cual ocurrió, según la Biblia.

No sé tú, pero, aunque no quiero juzgar a Pedro, yo no estoy segura de que dejaría mis enseñanzas en manos de alguien desleal e incluso cobarde. Claro que él se arrepintió y se dedicó a enseñar y luego fue colgado con la cabeza hacia abajo, pero eso ocurrió años más tarde. Una vez más, ninguno de nosotros puede saber realmente qué haría si sintiera miedo... ése no es el tema. Se trata de entregar el control a alguien que tenga fortaleza y sea leal.

Esto tendría sentido porque, después de la crucifixión de Cristo, las mujeres ocuparon lugares destacados en el cristianismo gnóstico de los inicios. Ellas fueron las que desdeñaron las llamadas bendiciones y enseñanzas espirituales tanto de la religión judía como de los primeros cristianos judíos. Luego, más adelante, Pablo entra en escena y Pedro se alinea con él, mientras que Santiago, el hermano de Jesús, se queda a la cabeza de los cristianos judíos. Más tarde, como dije antes, el emperador romano Constantino adopta el «cristianismo paulino» y así nace la Iglesia católica, con Pedro como su primer Papa simbólico.

Recuerdo que cuando yo iba al St. Theresa's College, en la asignatura de «matrimonio cristiano» nos decían que nosotras siempre estaríamos en segundo lugar, y que debíamos servir a nuestros maridos y tener tantos hijos como Dios quisiera. No voy a entrar en cuántas veces me tuve que quedar después de clase castigada por el Padre Nadian, pero durante esas charlas descubrí que incluso él pensaba de manera distinta; sin embargo, se veía obligado a impartir las enseñanzas de la Iglesia. Llegué a querer a ese sacerdote y vi el sufrimiento al que se enfrentaba ese Dominico al estar dividido entre lo que le decía su corazón y su lógica y lo que se suponía que debía enseñar. Tengo muchas ganas de verle en el Otro Lado y correr hacia él gritando que teníamos razón y que ahora somos libres en nuestros pensamientos.

Francine dice que Magdalena siempre caminaba junto a Jesús a su derecha, y que detrás de ellos iban los discípulos. Este podría haber sido otro de los motivos por los que se sentían celosos. En lugar de ser uno de ellos, una mujer ocupaba el primer lugar junto a Jesús. Ciertamente, ésa sería una posición natural si era su esposa.

Tampoco leemos mucho sobre la madre de Cristo en la Biblia. De no ser por el nacimiento de Jesús, la boda en Caná y posiblemente una breve mención de que estuvo presente en la crucifixión... parecería que hubiera desaparecido. Dado que la Biblia fue escrita por hombres, estoy convencida de que simplemente dejaron a las mujeres fuera lo máximo posible. En el Antiguo Testamento vemos a Débora, Ester, Ruth y Betsabé, pero a excepción de algunas otras aldeanas de poca importancia, como Jezabel, la reina de Saba, Salomé y la esposa de Lot, que fue convertida en una estatua de sal porque miró hacia atrás durante la destrucción de Sodoma y Gomorra, las mujeres son actrices secundarias.

Francine dice que Magdalena estaba muy unida a María, así como a María de Bethania, a Marta y a Naomi, que solían viajar con Jesús y sus hermanos y hermanas. De modo que viajaban con un grupo central bastante grande. María conocía a Magdalena prácticamente de toda la vida y sentía que ella era verdaderamente como una hija, y estaba feliz de tenerla por nuera. Esto queda demostrado en la crucifixión, cuando ellas y Juan (el bienamado) y otros (dependiendo de qué evangelio leas) estuvieron juntos al pie de la cruz mientras que el resto de los discípulos fue a ocultarse.

CAPÍTULO 6

La verdadera historia de la Pasión de Cristo

Tanto si estaba curando enfermos, o haciendo caminar a los inválidos, o devolviendo la vista a los ciegos, Jesús no dejaba de predicar. Solamente tuvo unos pocos altercados con el Sanedrín. Al principio, ellos intentaron ignorarlo, pues para ellos era simplemente otro fanático como Juan el Bautista; pero cuando su popularidad creció y las sinagogas comenzaron a vaciarse, empezaron a alarmarse. Esto se debió a dos motivos. Uno, que estaban perdiendo dinero, y dos, que no querían hacer enfadar a los romanos, no sólo porque ellos tenían sus propios dioses, sino porque querían distanciarse del hecho de que, después de todo, Jesús era judío, y temían que los culparan a ellos de lo que él estaba diciendo contra las enseñanzas judías.

Con todo respeto, debemos entender que esta religión ya existía, que había florecido durante cientos de años y había producido grandes reyes y grandes creencias religiosas para la época. Y ahora los legisladores y jueces de la fe judaica se encontraban frente a este «nuevo» profeta, por así decirlo, que amenazaba al tejido mismo de su religión establecida. Al mismo tiempo, los romanos se pusieron un poco nerviosos porque dondequiera que Jesús fuera se congregaban grandes multitudes, y eso podía significar una insurrección.

El pueblo judío, tristemente, ha tenido que cargar con el estigma de haber crucificado a Cristo. Pero nosotros no vivíamos en aquella época, y si nuestro sistema se hubiera visto amenazado, ¿acaso sabemos qué habríamos hecho? Tanto los judíos como los romanos participaron en la crucifixión de Cristo (que, dicho sea de paso, era el modo de ejecución favorito de los romanos en aquella época). Más adelante, en el caso de los romanos, la forma de ejecución fue quemar gente en la hoguera, o entretenerse arrojando a los delincuentes a los animales salvajes, pero en aquella época la forma romana era la crucifixión, del mismo modo que la forma judía era la lapidación hasta la muerte. No olvidemos tampoco que Jesús tuvo que pasar por esto para cumplir con las profecías que culminaban en su supuesta muerte. Fue por ese martirio que sus enseñanzas se mantuvieron vivas.

Seamos lógicos... Las enseñanzas de Jesús estaban rivalizando con religiones que existían desde hacía mucho tiempo, como el hinduismo, el budismo, el judaísmo y la poderosa religión romana, así como con otras religiones que eran minoritarias pero populares. Nadie sabía nada sobre esta nueva filosofía religiosa monoteísta que hablaba de un Dios amable, amoroso y que lo perdonaba todo. La mayoría de las religiones orientales no tienen un Dios personal como éste, o tienen muchas deidades. La religión judía tenía un Dios, pero era inalcanzable, duro, implacable y a veces aterrador. De manera que aparece en el escenario de la vida un hombre que está intentando aclarar las cosas, y quizás habría sido ignorado y olvidado si su partida no hubiese sido dramática.

Sin embargo, aquí es donde existe un gran agujero en las profecías. Se suponía que el «Salvador» debía llegar y liberar a los judíos. Se suponía que debía de ser un rey con riquezas y, de una manera semejante a Moisés, debía liberarlos de la opresión y conducirlos a la tierra prometida. Cristo vino para mostrarles cómo ser libres en sus almas y cómo corregir y vivir sus vidas para poder vivir verdaderamente en la «tierra prometida» del Reino de Dios (el Otro Lado). Cristo no hizo ninguna de esas dos cosas y, sin embargo, hizo las dos cosas... ¿suena confuso?

Algunas de las profecías mesiánicas (profecías relativas al Salvador, y se supone que hay más de trescientas) son: El Salvador judío debía pertenecer al linaje de David: Cristo cumplía con esto. El Salvador había de nacer de una madre virgen (una profecía interpretada incorrectamente y creada por el hombre para reducir la influencia de otras religiones): supuestamente, Cristo cumplía con esto. El Salvador debía ser anunciado por un mensajero de Dios (Juan el Bautista): Jesús cumplía con esto. Debía realizar milagros: Jesús cumplió con esto. Predicaría buenas noticias: Jesús cumplió con esto. Entraría en Jerusalén como un rey, montado en un burro: Cristo cumplió con esto. Moriría de una forma humillante y dolorosa: supuestamente, Cristo cumplió con esto. Sus manos y sus pies debía ser perforados: Jesús cumplió con esto. Sus ejecutores debían echar suertes sobre su ropa: evidentemente, esto se cumplió. Ninguno de sus huesos debía romperse durante su ejecución: Cristo cumplió con esto. Su costado debía ser atravesado: Jesús cumplió con esto. Debía morir junto a malas personas y ser enterrado en la tumba de un hombre rico: supuestamente, Cristo cumplió con esto. Debía nacer en Belén: Jesús cumplió con esto. Debía salir de Egipto: Cristo cumplió con esto. Y así sucesivamente. La mayoría de estas profecías mesiánicas del Antiguo Testamento son de una naturaleza muy vaga y pueden ser atribuidas o no atribuidas a Jesús, dependiendo de la interpretación. Una de las principales profecías del Salvador era la de traer la paz al mundo... Cristo no hizo eso.

El problema con las profecías es que muchas veces están hechas por hombres o mujeres para la humanidad, son interpretadas por la humanidad y siempre son vistas desde la perspectiva de la vida en la Tierra. Después de todo, la mayoría de nosotros sólo considera que la realidad es lo que podemos sentir, oír, saborear, oler y ver... La premisa de que alguna otra cosa forma parte de la realidad es puramente subjetiva, y ahí reside el problema. Para la mayoría de la gente, Dios y la vida después de la muerte son una creencia y no una realidad, y por lo tanto, son una cuestión de fe. Para aquellos que están más iluminados espiritualmente, la fe se convierte en conocimiento y también en una parte de su realidad. El problema con la mayoría de las religiones es que se basan en la fe y no en la realidad... Por lo tanto, aunque una persona que es religiosa puede *creer* que algo es verdad, en realidad no *sabe* si es verdad. Se coloca en la posición de comparar a Dios y la vida después de la muerte con lo que percibe como la realidad y, tristemente, Dios y la premisa de una vida posterior quedan en un segundo plano. Esto se debe a que muy pocas personas pueden oír, tocar o ver a Dios o a una vida posterior. Si no podemos percibir algo con nuestros cinco sentidos principales, deja de ser real para nosotros y entonces se convierte en una cuestión de fe: que es un mal sustituto de la realidad que percibimos.

Si Dios hablara por un altavoz que llegara a todo el mundo y dijera: «Quisiera presentarme: soy Dios», lo más probable es que todos nosotros dejaríamos que Dios formara parte de nuestra realidad. O si el cielo se abriera y los que estamos en la Tierra viéramos el Otro Lado en toda su gloria en una visión prolongada, entonces lo más probable sería que la mayoría de nosotros haría que eso también formara parte de su realidad. También es claramente posible que muchos de nosotros dirían que oír a Dios o ver el Otro Lado era sólo su imaginación trabajando en exceso, o una ilusión. Lo que quiero decir es que la humanidad percibe que la realidad es la vida que vivimos en la Tierra y que la creencia en Dios (o en dioses) y en una vida después de la muerte siempre será tan diversa como las numerosas culturas que tenemos aquí en este planeta.

Una profecía no es más que una extensión de las creencias y la fe. Ciertamente, no sabemos si algo profetizado va a ocurrir, hasta que ocurre, pero hay muchas profecías que no han ocurrido todavía y, sin duda, muchas que no se cumplieron. En el caso de Jesús, muchos dicen que él cumplió las profecías mesiánicas y muchos otros dicen que no lo hizo. ¿Realmente importa si Cristo realizó esas profecías mesiánicas? ¿Es la profecía una ciencia tan exacta que millones de personas judaicas todavía están esperando a su salvador a causa de ella, o que millones de gentes cristianas, judías e islámicas todavía están esperando el Día del Juicio Final?

Parece como si una profecía tuviera que ser cierta porque la hizo David, o Isaías, o Jeremías, pero muchas de sus profecías no han ocurrido. El motivo por el que he incluido esta sección sobre las profecías y la realidad es porque muestra con cuánta fuerza se asocia a la Biblia con la gente que predecía el futuro. Entonces, cuando se armó la Biblia, la era cristiana prohibió las predicciones del futuro. Es aceptable profetizar en el Antiguo Testamento, pero no después del establecimiento de la Iglesia, porque eso no encajaba con la percepción de la realidad de la Iglesia. También puedes profetizar si eres un santo, pero si no lo eres, mantenlo oculto y, sobre todo, mantente en silencio. A menudo me he preguntado cómo, de repente, todas las religiones decidieron que ya no nacían profetas y que las profecías eran puro cuento, especialmente cuando desempeñan un papel tan importante en el dogma de todas las religiones principales.

La verdadera historia de la Pasión de Cristo es uno de los secretos más controvertidos que el cristianismo ha intentado ocultar durante casi dos mil años. Nada que sea verdad puede ser ocultado para siempre, porque conseguirá salir a la luz para que todo el mundo lo vea.

El Sanedrín y los fariseos empezaron a presionar al gobierno romano para que arrestara a Jesús y lo juzgara. Los incidentes que tuvieron lugar el Domingo de Ramos, como lo llama ahora la Iglesia, llevó al Sanedrín y a los fariseos al proverbial límite. Jesús entró en la ciudad con gran fanfarria, en Sabat, una semana antes de la Pascua judía. A los sabios judíos esto les pareció una blasfemia. Luego Jesús provocó una ira aún mayor en ellos al visitar el

Templo y expulsar a los prestamistas con un látigo, aludiendo a su hipocresía durante el proceso. El Sanedrín se reunió en un consejo especial y decidió pedir a Poncio Pilatos que arrestara a Jesús y lo juzgara por blasfemia y sedición. Esto tomó unos días, porque incluso en aquella época había muchos en el Sanedrín que consideraban que las acusaciones eran injustificadas.

Entretanto, Jesús le dijo a Judas Iscariote que organizara un encuentro privado con Pilatos, si era posible, porque él sabía lo que se le venía. Pilatos aceptó, sobre todo por curiosidad, pero también porque su amada esposa había tenido un sueño sobre Jesús en el que le decían que no había que hacerle daño, y él respetaba los consejos de su esposa. El encuentro se organizó con la asistencia únicamente de Pilatos, Jesús, Judas Iscariote y José de Arimatea. Esta reunión se celebró varios días antes de que tuviera lugar la historia errónea de la traición de Judas. Si usas la lógica, ¿por qué habría de traicionar Judas a Jesús con un beso y recibir treinta monedas de plata cuando los romanos ya sabían quién era y dónde estaba? Jesús no estaba precisamente ocultándose, cuando predicaba en Jerusalén a la vista de todos.

Esta reunión privada puso en movimiento uno de los más grandes complots de la historia de la humanidad. Pilatos, al conocer a Jesús por primera vez, sintió una intensa curiosidad sobre ese hombre que parecía atraer a enormes muchedumbres que acudían sólo para escucharlo. Después de interrogarlo sobre sus intenciones hacia Roma, se mostró satisfecho de que Cristo no tuviera ninguna intención sediciosa y, francamente, se quedó bastante impresionado con él, como le ocurría a la mayoría de personas que entraba en contacto con Jesús. Pilatos no encontró nada malo en él y le pareció que Cristo era un hombre amable y encantador. Sin embargo, Pilatos también era gobernador de Israel y, ciertamente, conocía el clima político a través de los numerosos espías que tenía en el Sanedrín y entre los fariseos, así como en toda Galilea y Judea, y ahí residía el problema: ¿cómo iba a mantener el orden y evitar posibles disturbios o insurrecciones?

Poncio Pilatos era inteligente, decidido y astuto. Tenía que serlo; de lo contrario, no hubiese sido gobernador de Israel durante tanto tiempo y no hubiese sido tan valorado. Él sabía que Roma quería la paz por encima de todo, porque si no el comercio se vería afectado y los recursos romanos tendrían que gastarse en aplacar los alzamientos. También sabía que la atmósfera en Israel era potencialmente muy explosiva. Sabía que el Sanedrín y los fariseos querían que Cristo fuera condenado, pero Pilatos también sabía que Jesús tenía muchos seguidores y temía que pudiera haber disturbios y una posible revolución en cualquiera de los sectores si Jesús era condenado o dejado libre. Pilatos se enfrentaba a un gran dilema: ¿qué hacer con este hombre conocido como Jesús?

Francine dice que Pilatos ideó un plan muy ingenioso. Al no encontrar nada malo en Jesús, propuso un plan audaz que dependería de la más absoluta discreción pero, sobre todo, dependería de la cooperación de Cristo.

Según Francine, Pilatos le explicó a Cristo que consideraba que él no representaba ninguna amenaza, pero que su deber era mantener la paz con la estructura religiosa gobernante (el Sanedrín y los fariseos) dentro de Israel. Pilatos le comentó a Jesús que ellos querían que lo arrestara y lo llevara a juicio, y que él haría todo lo que estuviera en sus manos para conseguir un veredicto de inocencia. Si lo declaraban culpable, él intentaría mantenerle con vida, aunque tendría que representar la pena de azotes y crucifixión de acuerdo con la ley, aunque no había ninguna garantía de que pudiera hacerlo. Jesús entendió lo que Pilatos le estaba diciendo y supo que su destino estaba sellado. No obstante, mantuvo una pequeña esperanza de que el plan pudiera tener éxito, aunque implicaría muchísimo dolor y sufrimiento. A continuación, los cuatro hablaron durante un rato de las eventualidades del plan y del papel de cada uno de ellos en él. El plan dependía de la confianza mutua y de acciones precisas por parte de todos los implicados, pero al menos Cristo tuvo una ligera esperanza de poder escapar de su misión preestablecida, no sin dolor y sufrimiento, pero conservando la vida. Jesús tendría que ser fuerte no sólo para soportar lo que debía soportar, sino también en su creencia de que Dios tendría misericordia y le permitiría vivir porque, como dijo Pilatos, no había garantías.

Esto parece dar una buena imagen de Pilatos, pero Francine dice que él simplemente estaba siendo cauteloso y actuando por conveniencia. Pilatos sabía que no tenía nada que perder en esta apuesta por mantener la paz. Si Jesús era declarado inocente, que así fuera. Si Jesús era declarado culpable y crucificado, eso apaciguaría al Sandedrín y a los fariseos, y si él era capaz de mantenerlo con vida, ello apaciguaría a los seguidores de Cristo. Nadie se atrevería a acusar a Pilatos de intentar mantener a Cristo con vida, y si el plan era descubierto, se podía culpar de él fácilmente a los seguidores de Cristo. Francine dice que Dios intervino aquí, porque envió el sueño a la esposa de Pilatos y también implantó el plan en la mente de éste e hizo que lo llevara a cabo.

Jesús sabía de antemano cuál era su destino, pero este plan ideado por Pilatos fue una sorpresa para él. Francine dice que debemos recordar que, a pesar de la divinidad de Jesús y de su conocimiento de lo que tendría que venir, solamente Dios lo sabe todo y sabe cuál será el desenlace de los acontecimientos que ocurren. Incluso hoy, vemos la intervención divina en situaciones que parecen imposibles para nuestra comprensión, pero que resultan ser lo que llamamos milagros.

Con esta leve esperanza de supervivencia en su interior, Jesús, sabiendo que todos los implicados tenían que mantener el plan en secreto, recomendó a Judas y a José que no le dijeran nada a nadie, especialmente a sus discípulos. Jesús sí le habló a María Magdalena del plan, porque ella era su esposa y su confidente más cercana. Francine dice que la angustia de Magdalena fue tremenda. Ella sabía que una vez que Jesús fuera entregado al Sanedrín podía pasar cualquier cosa, aunque los romanos eran los únicos que tenían el poder para llevar a cabo la sentencia definitiva de la ejecución. En cierta manera, es como un operación que sabes que te tienen que hacer, y tú mantienes la esperanza de sobrevivir, pero aun así la agonía de pasar por ella y el desenlace te dan miedo porque sabes que algo puede ir mal. Jesús no contó a sus discípulos nada de esto, porque le preocupaba que alguno de ellos, por estupidez o por miedo, pudiera contárselo a la persona equivocada.

Jesús también celebró lo que conocemos como la Última Cena porque sabía que, independientemente de cómo salieran las cosas, era probable que ésa fuera la última vez que sus discípulos podrían reunirse con él. Sabía que si sobrevivía tendría que marcharse de Israel y dejar atrás a sus discípulos o arriesgarse a ser capturado y ejecutado. Es interesante apuntar que la mayoría de estudiosos cree que la última cena se celebró en el recinto de los esenios, en el Monte Sión, el cual garantizaba la privacidad porque los esenios eran un grupo laico.

Francine dice que aunque Cristo mantenía una ligera esperanza de supervivencia en su mente, en realidad estaba preparado para morir. Ella dice que él sentía que, en el mejor de los casos, sus posibilidades de sobrevivir eran muy escasas y que lo que lo sostenía era el hecho de que estaba haciendo todo eso por Dios. Con esto en mente, en la Última Cena, cuando les dijo que recordaran todo lo que él había dicho y cuando partieron el pan y bebieron el vino para recordarlo, en realidad él pensaba que esa sería la última vez que estarían todos juntos en la vida. Estoy segura de que algunos de sus discípulos deben de haberse sentido desconcertados ante ello, aunque Jesús ya les había contado aquello por lo que debía de pasar y, tal como estaba planeado, dijo: «Uno de vosotros me traicionará». Esto, por supuesto, era una profecía decretada y Judas ya la había aceptado como parte del plan secreto. Aunque los soldados romanos sabían a quién estaban buscando, el hecho de que uno de los suyos lo delatara hacía que el plan fuera más creíble.

Jesús sí fue al jardín de Getsemaní y le pidió a Dios que alejara de él el cáliz (o dolor). Cristo se estaba refiriendo a su probable ejecución, que sabía que se acercaba. Esto también demuestra que uno no puede salirse de su Carta. Después de habérselo pedido a Dios, a Jesús no le cupo ninguna duda de la respuesta, pues una vez más invocando la Carta de Cristo, dijo: «*Hágase tu voluntad*». Al final, después de descubrir a los discípulos dormidos con él, los soldados llegaron para arrestarlo. Después de una breve escaramuza en la que un discípulo le cortó la oreja a un sirviente del sumo sacerdote (la cual Cristo curó inmediatamente), ataron a Jesús y se lo llevaron.

Jesús fue llevado por los soldados del Templo ante el sumo sacerdote del Sanedrín (no fueron los romanos quienes lo arrestaron, sino unos soldados judíos que montaban guardia en el Templo, enviados por el Sanedrín). Los sacerdotes interrogaron a Jesús durante toda la noche y, supuestamente, muchos falsos testigos fueron traídos para declarar en su contra. El Sanedrín también golpeó a Jesús durante el interrogatorio y el juicio. Mi guía dice que lo hicieron movidos por la frustración y la rabia, y que ellos sabían que no tenían ningún otro castigo, excepto pegarle y azotarle.

Aquí encontramos una nueva contradicción, porque los cuatro evangelios difieren en un asunto clave que se le presentó a Jesús. En los evangelios de Mateo (Mateo 26, 63-64), Marcos 14, 61-62) y Lucas (Lucas 22, 66-70), un sumo sacerdote del Sanedrín le pregunta a Cristo si él era, o no, el Hijo de Dios. En Mateo, Cristo responde: «*Tú lo has dicho. Y os declaro que desde ahora veréis al Hijo del Hombre sentado a la diestra del Padre y venir sobre las nubes del cielo*». En Lucas, Jesús contesta: «*Si os lo digo, no me vais a creer, y si os lo pregunto, no me vais a responder. Pero desde ahora el Hijo del Hombre estará sentado a la derecha del poder de Dios*». *Y todos dijeron:* «*Luego, ¿eres tú el hijo de Dios?*» *Y él les respondió:* «*Vosotros decís que lo soy*». En Marcos, sin embargo, Cristo responde: «*Yo soy. Y veréis al Hijo del Hombre sentado a la derecha del Poder y venir con las nubes del cielo*». Juan no hace ninguna mención de esta cuestión en su evangelio, relatando únicamente que Jesús fue interrogado acerca de sus discípulos y sus enseñanzas. Esta omisión por parte de Juan de esta pregunta tan importante hace surgir otra vez el tema de si alguna vez se formuló esa pregunta o no, especialmente porque la pregunta está directamente relacionada con la divinidad de Jesús y la profecía judía.

También tenemos una incongruencia en la respuesta a la pregunta. En Marcos, Jesús responde que él es el Cristo y el Hijo de Dios, y luego, en la siguiente frase, se refiere a sí mismo como el Hijo del Hombre. Tanto en Mateo como en Lucas, Jesús dice que el Sanedrín afirma que él es el Hijo de Dios y luego también se refiere a sí mismo como el Hijo del Hombre. Ésta es una contradicción sumamente importante, porque siempre ha sido una pregunta teológica fundamental: ¿Era Cristo el Hijo de Dios o el Hijo del Hombre? Si Cristo era el Hijo de Dios (aunque todos nosotros somos hijos e hijas de Dios) y el Cristo, entonces, ciertamente, sería divino y el Salvador que los judíos estaban esperando. Si Cristo era el Hijo del Hombre, entonces su divinidad estaría en cuestión y él no sería, necesariamente, el Cristo. Este tema se debatió acaloradamente en la Iglesia primitiva y los cristianos judíos siempre mantenían que Jesús era el gran profeta y maestro, pero que no era divino, pues era el Hijo del Hombre. Los cristianos paulinos tenían la visión de que él era el Hijo de Dios y, por lo tanto, divino y el Salvador. Los primeros cristianos gnósticos parecía estar divididos sobre esta tema.

Francine dice que Jesús sabía que era una entidad especial en una misión para Dios y que estaba predestinado que él pasaría por esas tribulaciones. Ella dice que, además, él sabía que todos los seres humanos eran técnicamente hijos e hijas de Dios, pero también sabía muy bien que estaba predestinado por Dios para ser el Cristo que las profecías judías predecían que vendría. Además, sabía que el Sanedrín no aceptaría este hecho, de modo que les dio una respuesta ambigua (a excepción de la interpretación de Marcos).

Sabemos que Jesús dijo, definitivamente, que era el Hijo del Hombre, pero también dijo que era el Cristo. A menudo me he preguntado si esto era sólo una cuestión de semántica, ya que el pueblo judío creía que el Cristo sería el Hijo de Dios, mientras que Jesús simplemente pensaba que era una entidad en una misión especial de Dios, que era el Cristo del pueblo judío. Francine dice que, ciertamente, él era el Cristo para el pueblo judío y que sus enseñanzas estaban tan llenas de verdad que acabaron extendiéndose por el mundo entero en la forma del cristianismo. Por un lado, se podría decir que Jesús tuvo sólo un éxito parcial en su misión, ya que el pueblo judío no lo aceptó como el Cristo o como su salvador. Por otro lado, se podría decir que su misión tuvo un éxito abrumador en el sentido de que muchos judíos se convirtieron al cristianismo y su mensaje se extendió por el mundo entero.

Luego, el Sanedrín llevó a Jesús ante Poncio Pilatos y le exigieron que lo crucificara como si lo juzgara por blasfemia. El Sanedrín sabía que únicamente Pilatos podía hacer un juicio final sobre cualquier persona acusada de un crimen, ya que los romanas ocupaban Israel. Pilatos hizo un denodado esfuerzo por intentar salvar y liberar a Cristo, y verdaderamente esperaba detener la situación declarando que él no conseguía hallar ninguna falta en aquel hombre. Incluso envió a Cristo ante Herodes para que lo juzgara, con la esperanza de que lo liberaría (Lucas 23, 7-12) y el tema se resolvería. Herodes envió a Jesús de vuelta a Pilatos, después de mofarse de él, pues no quería ninguna responsabilidad.

Pilatos recurrió la tradición de liberar a un prisionero en la Pascua judía para obtener la libertad de Cristo, pidiendo a la muchedumbre que eligiera entre Jesús y Barrabás. Estaba intentando todo lo que podía para cumplir la promesa que le había hecho a Jesús. Pero nada funcionó, y la multitud, dirigida por el Sanedrín, se convirtió en una turba que gritaba que crucificaran a Jesús. Al ver que la muchedumbre se agitaba, Pilatos supo que ya no podía liberar a Jesús y evitar que fuera crucificado; ahora simplemente esperaba poder mantenerlo con vida. En un gesto simbólico de frustración y autoprotección, Pilatos ordenó que le trajeran un cuenco con agua y se lavó las manos delante de la multitud, diciendo: «*Yo soy inocente de esta sangre. ¡Vosotros veréis!*». (Mateo 27, 24).

El Evangelio de Mateo es el único que menciona que Pilatos se lavó las manos sobre el asunto, y el Evangelio de Lucas es el único que no menciona la flagelación de Cristo. En los evangelios de Mateo, Marcos y Juan, Pilatos flagela a Cristo antes de entregarlo al Sanedrín para su crucifixión. Lucas no dice nada sobre el hecho de que azotaran a Jesús y simplemente menciona que fue entregado a Pilatos por la muchedumbre para ser crucificado. ¿Se trata simplemente de una omisión por parte de Lucas? Francine dice que Pilatos hizo que azotaran a Jesús para guardar las apariencias y también porque esperaba que eso apaciguara a la multitud y le permitiera liberarlo. Pilatos había dado órdenes de que no flagelaran intensamente a Jesús, porque ya había sido maltratado por el Sanedrín en el juicio al que había sido sometido, y quería que Jesús estuviera lo más fuerte posible para que, en el caso de que fuera inevitable, sobreviviera a la penosa experiencia de la crucifixión. Además, Pilatos insistió mucho a sus soldados de que ese hombre no debía morir.

La muchedumbre, instigada por el Sanedrín, se llevó a Jesús y le obligó a cargar su propia cruz, pero había gente que, en intervalos, le ayudaba cuando él caía. Incluso José de Arimatea le ayudó. Esto no debe inducir a creer que el sufrimiento de Cristo no fue insoportable. Cuando lo azotaban, incluso echaban agua con una alta concentración de sal sobre sus heridas, lo cual era sumamente doloroso pero ayudaba a detener la pérdida de sangre.

Jesús estaba débil por no haber comido nada y haber bebido muy poco agua. Si no se hubiese encontrado en buena forma, habría muerto del trauma de los golpes y por no haber recibido alimentos. Francine dice que fue entonces cuando le ayudó la formación recibida en la India. Jesús pudo entrar en un estado de consciencia modificado similar a la meditación o la autohipnosis, lo cual le ayudó a sostenerse durante toda esa terrible experiencia.

Cuando finalmente llegaron al Gólgota (el lugar del cráneo), los soldados romanos clavaron las muñecas y los pies de Cristo en la cruz; pero eran expertos y sabían evitar las arterias principales para que la persona no sangrara demasiado. Pilatos había dado órdenes de que aquel hombre no debía morir, así que, a diferencia de los dos ladrones que fueron crucificados junto a él (para que se cumpliese la profecía, una vez más), ataron unas cuerdas debajo de las axilas de Jesús a fin de sostenerlo mejor. También le pusieron un reposapiés, que los otros no tenían, y no le rompieron las piernas. Según los evangelios de Mateo, Marcos y Lucas, Cristo estuvo en la cruz durante aproximadamente tres horas, y mantenerlo en la cruz durante un período de tiempo breve también formaba parte del plan de Pilatos.

Antes de continuar, vamos a repasar algunos datos sobre la crucifixión. La mayoría de estudiosos está de acuerdo en que las crucifixiones ocasionan una muerte dolorosa y lenta. La mayor parte de las muertes por crucifixión son debidas al ahogo por un exceso de presión en el diafragma. La mayoría de las personas que eran crucificadas tardaban varios días en morir y, al final, o bien se ahogaban por no ser capaces de elevarse para respirar debido al agotamiento, o bien morían debido al trauma y a la falta de agua al estar expuestas a los elementos del sol y el viento. En aquella época, los romanos habían perfeccionado esta forma de ejecución. Si querían que una persona tuviera una muerte rápida, le rompían las piernas a fin de que no pudiera empujar con ellas para poder respirar. Las víctimas a las que se les rompían las piernas solían durar solamente entre seis y doce horas, contrariamente a las que no les habían roto las piernas, que duraban varios días. Normalmente, las víctimas de la crucifixión eran colgadas en la cruz con cuerdas después de haber sido azotadas. Unas pocas eran clavadas a la cruz a la altura de las muñecas y lo normal era que también les clavaran los talones de los pies. Una circunstancia importante en la crucifixión de Jesús es que fue ejecutada el día anterior al Sabat, conocido como el Día de Preparación. Pilatos había retrasado la entrega de Jesús para que fuera crucificado a media tarde. Puesto que el Sabat era un día sagrado, la ley judía prohibía que hubiera cuerpos en la cruz en el Sabat, que comenzaba al anochecer del

Día de Preparación, de manera que los cuerpos de Jesús y los dos ladrones debían ser bajados de la cruz antes del anochecer. Esto encajaba perfectamente con el plan de Pilatos, como podrás ver. Algunos de los evangelios narran que Cristo fue coronado con espinas por los soldados romanos antes de su crucifixión. Según Francine, un centurión tejió una corona de espinas y la colocó sobre la cabeza de Cristo, por lo cual fue castigado posteriormente por Pilatos. Encima de su cabeza, en la cruz, los romanos colocaron un cartel que ponía: JESÚS, REY DE LOS JUDÍOS. Se podría pensar que, incluso si esto era una burla, tendría que haber enfurecido a los judíos, pero el Sanedrín y los fariseos que vieron la crucifixión se mofaron de Jesús por ello y se rieron de él diciéndole que, si era Cristo, entonces que se salvara a sí mismo y se bajara de la cruz, y que entonces le creerían. Fue también en ese momento cuando algunos de los sacerdotes del Sanedrín empezaron a preocuparse por lo tarde que era. Ellos sabían que los cuerpos de Jesús y los ladrones tenían que ser bajados de la cruz antes de que comenzara el Sabat; de lo contrario, se quebrantaría la ley relativa a ese día. Fueron a ver a Pilatos y le pidieron que les rompieran las piernas a las víctimas para acelerar sus muertes (Juan 19, 31-33). Pilatos envió a los soldados a hacerlo, pero también les dio la orden de que no le rompieran las piernas a Cristo porque ya estaba muerto. En breve verás por qué dio esta extraña orden.

Mientras la muchedumbre estaba burlándose de él en la cruz y cuando varios sacerdotes se habían ido a ver a Pilatos para insistirle en que le rompieran las piernas a Jesús, los soldados romanos echaron a suertes la ropa de Cristo. Esto corrobora lo que dije anteriormente de que Cristo era rico, porque tenía una túnica de una tela de lo más fina, sin costuras. Ésta no era la ropa de un hombre pobre, sino la de un hombre con medios que usaba ropa cara. Ciertamente, nadie competiría por una ropa vieja y gastada. Esto también cumplía otra profecía relativa a Cristo. De hecho, muchas profecías relativas a Cristo se cumplieron aquel día: que fuera ejecutado junto con malas personas (ladrones), que echaran a suertes su ropa. que no le rompieran ningún hueso durante su ejecución y que atravesaran su cuerpo.

Poncio Pilatos tenía informadores, que eran soldados o personas en las que él podía confiar que iban de incógnito y luego le ponían al corriente de la situación de Jesús. Cuando se acercaba la hora de su crucifixión, un informador le dijo a Pilatos que Jesús parecía estar desfalleciendo. Pilatos hizo que uno de sus médicos preparase un brebaje, que sería algo parecido a una poción para dormir, excepto que le provocaría un estado de coma ligero, y lo envió al lugar de la crucifixión. Cuando Cristo pidió agua porque tenía sed, empaparon una esponja con ese elixir y se la dieron a Jesús. En un período de tiempo muy breve, Jesús entró en un ligero estado de coma y, a todos los propósitos prácticos, pareció estar muerto. Todo esto había sido planeado y Cristo aceptó el elixir de buena gana, con la esperanza de que funcionara. Pilatos le había dicho al centurión a cargo que declarara muerto a Jesús cuando él se desmayara y que atravesara ligeramente su costado para demostrarlo. Puesto que Cristo estaba en coma, su cuerpo no reaccionó cuando lo atravesaron y, por lo tanto, fue declarado muerto. Entonces, José de Arimatea, de acuerdo con el plan, bajó inmediatamente el cuerpo de Jesús de la cruz y, con María Magdalena y Nicodemo, lo envolvió con un trozo de lino y lo colocó dentro del sepulcro de José para que estuviera fuera de la vista de los entrometidos. Los judíos iban a enterrarlo, pero se había predeterminado con Pilatos que utilizarían el sepulcro de José para ocultar a Jesús y ahí hacer que recuperara la consciencia. El motivo por el cual esto es significativo es porque se encontraba en una cueva excavada en la roca y tenía una especie de cama de piedra, y una piedra grande cerraba herméticamente la tumba. No podían enterrarlo bajo tierra, porque entonces habría muerto asfixiado.

Llámese intervención divina o condiciones atmosféricas, el caso es que poco después de que pusieran a Cristo en la cruz el cielo se oscureció y empezaron a caer unas lluvias torrenciales. Estoy segura de que Dios hizo que eso ocurriera, no sólo para alejar a los pocos curiosos que allí había, sino también para evitar que hubiera testigos que vieran que Jesús se encontraba en un estado de coma y que todavía respiraba. Cuando lo llevaron a la tumba, todavía no se había puesto el sol, ya que la ley judía prohibía los enterramientos durante la noche. Pilatos había enviado a sus mejores médicos y éstos, junto con María Magdalena, trabajaron para revivir a Cristo, y trataron y vendaron sus heridas. Él descansó durante un rato y le dieron de comer y de beber. Luego Pilatos les envió el mensaje de que el Sanedrín estaba planeando enviar soldados para que vigilaran el sepulcro y trasladaran a Jesús a un lugar más seguro. Entonces lo trasladaron a otro lugar para que se recuperara, dejando el sepulcro cerrado y dejando dentro el lino en el que lo habían envuelto cuando lo bajaron de la cruz.

Los cuatro evangelios nos cuentan lo que Jesús dijo cuando estaba en la cruz con un sufrimiento y un dolor extremos. Solamente en Mateo (Mateo 27, 46) y en Marcos (Marcos 15, 34), Jesús dice: «*¡Dios mío, Dios mío! ¿Por qué me has abandonado?*». Según estos dos evangelios, eso fue lo único que dijo desde la cruz, a excepción de un fuerte grito en el momento de su supuesta muerte. Aunque los evangelios de Lucas y Juan no mencionan la frase de arriba para nada, sí narran que Cristo tuvo algunas conversaciones con otras personas. En Lucas tenemos a Jesús hablando a su Padre en el cielo en dos ocasiones. En Lucas 23, 34, Cristo dice: «*Padre, perdónalos, porque no saben lo que hacen*», y en Lucas 23, 46, Jesús dice: «*Padre, en tus manos encomiendo mi espíritu*». Además, en Lucas 23, 43, Jesús replica a uno de los ladrones, que le pide que se acuerde de él: «*Te aseguro que hoy estarás conmigo en el paraíso*».

En el Evangelio de Juan, Cristo también dice varias cosas en la cruz. En Juan 19, 28, tenemos a Cristo clamando en su sufrimiento: «*Tengo sed*», y alguien le da vino en una esponja, cumpliendo con otra profecía. También leemos en Juan 19, 30 que Jesús exclama: «*Se ha consumado* [terminado]», antes de perder la consciencia y, supuestamente, morir. El Evangelio de Juan también relata un interesante intercambio entre Jesús y su madre, María, y un discípulo desconocido mientras él todavía está en la cruz. En Juan 19, 25-27, leemos: «*Estaban de pie junto a la cruz de Jesús su madre y la hermana de ésta, María de Cleofás, y María Magdalena. Al ver Jesús a su madre y junto a ella a un discípulo muy querido, dijo a su madre: "Mujer, ahí tienes a tu hijo". Luego dijo al discípulo: "Ahí tienes a tu madre". Y desde ese momento el discípulo se la llevó a su casa*». Ahora bien, la mayoría de los estudiosos de la Biblia cree que este discípulo desconocido era Juan, el Bienamado, pero yo sostengo que el discípulo al que Cristo se refería era María Magdalena. Para mí, eso es lo único que tendría sentido.

En primer lugar, la Biblia relata en los cuatro evangelios que los discípulos huyeron y se escondieron. En segundo lugar, Juan cuenta específicamente que allí solamente había tres personas, y si hubiera habido una cuarta (el supuesto discípulo), ¿por qué no mencionarlo junto con María, María de Cleofás y María Magdalena? En tercer lugar, los gnósticos siempre han creído que Magdalena era su discípulo principal y más querido (... *y junto a ella a un discípulo muy querido*...). Según Juan, Jesús se dirige a su madre y luego a María Magdalena (su amada discípula) y le dice: «Ahí tienes a tu madre». María, puesto que estaba casada con Jesús, era la nuera de María y, como ya he contado, María siempre la consideró como una hija, desde que era niña. Tiene sentido que Jesús le dijera a Magdalena que ahí tenía a su madre y también tiene sentido que Magdalena cuidara de María tras la supuesta muerte de Cristo. Es lógicamente obvio que ésta es la interpretación correcta, pero entonces los especialistas en la Biblia tendrían que admitir que María Magdalena estaba más cerca de Cristo de lo que muchos creen, e incluso que estaba casada con él. Ésta sería mi interpretación, si tuviera estrictamente la Biblia como única fuente, pero gracias a Dios tengo un espíritu guía que tiene acceso al conocimiento del Otro Lado.

Francine dice que cuando Cristo exclamó, «*Ahí tienes a tu hijo*», mientras estaba en la cruz, se estaba dirigiendo a su Madre en el Cielo... la Madre Dios. Ella afirma que en realidad Jesús dijo: «*Madre que estás en el cielo, ¡aquí tienes a tu hijo!*», lo cual fue corregido por la Iglesia primitiva y convertido en «Mujer, ahí tienes a tu hijo», para hacer referencia a María, en lugar de a la deidad que es la Madre Dios. Jesús creía en ambos aspectos de Dios, el Principio Femenino, así como en el lado masculino de Dios o el Padre. Francine dice que Jesús era consciente de esto mucho antes de ir a la India, donde se honra a los dos (como en muchas religiones del mundo), porque la Madre Dios, así como el Padre Dios, hablaban a Jesús cuando él era un niño en crecimiento. Por este motivo, Jesús viajaba con mujeres e hizo que María Magdalena fuera su discípulo principal. Él, a diferencia de los romanos y especialmente del Sanedrín, intentó elevar a las mujeres a una situación de más igualdad con los hombres. Los romanos, al igual que los griegos, tenían diosas, de manera que para ellos eso no era una blasfemia. Debes recordar que la Iglesia primitiva eliminó libros enteros y corrigió intensamente la Biblia para omitir cualquier referencia a la Madre Dios o al principio femenino, porque si otorgas la igualdad a las mujeres no puedes tener una religión patriarcal.

Uno creería que los cuatro evangelios están de acuerdo sobre lo que Cristo dijo en la cruz: después de todo, fue un acontecimiento muy importante, porque supuestamente Cristo estaba muriendo. Ésa sería su supuesta experiencia en «el lecho de muerte» y las últimas palabras que pronunciaría en vida. Sin embargo, tenemos cuatro evangelios que dicen cosas distintas, excepto Mateo y Marcos. ¿Por qué? Hay otras contradicciones en la descripción de la crucifixión. El de Juan es el único evangelio que menciona que la madre de Cristo, María, estaba presente en la crucifixión. Lucas es muy vago acerca de quién estaba allí, pero sí menciona a María Magdalena, a Juana y a María, Madre de Santiago el Menor (María de Cleofás). Marcos menciona a María Magdalena, a María, la madre de Santiago el Menor (María de Cleofás), y a Salomé (no la Salomé que bailó para Herodes). Mateo dice que María Magdalena, María de Cleofás y la madre de los hijos de Zebedeo estaban allí. Los únicos testigos mencionados en todos los evangelios son María Magdalena y María de Cleofás (de quien generalmente se cree que era cuñada o sobrina de la Virgen María). Francine dice que María Magdalena, María, la madre de Cristo, y María de Cleofás estuvieron presentes todo el tiempo en la crucifixión y que otras mujeres, como Juana y Salomé, también estuvieron durante un rato.

Mientras que las tres Marías intentan consolarse y consolar a Jesús, los discípulos no aparecen ninguna parte. Lo compensaron más tarde, cuando Jesús ya no estaba, pero ciertamente no aparecieron por ninguna parte mientras él estaba crucificado. Incluso Pedro cumplió con la profecía de Jesús negándolo tres veces antes de que cantara el gallo. Los discípulos permanecieron ocultos en una casa de Jerusalén, que tenía un escondrijo en la parte superior, donde a menudo se reunían en secreto, con la esperanza de que nadie los buscara.

A los teólogos siempre les ha desconcertado el hecho de que, a pesar de que se suponía que Jesús era un ser espiritual y divino, en su abatimiento y en su sufrimiento, clamó: «Padre, ¿por qué me has abandonado?». Esto es comprensible, porque incluso la divinidad de Jesús residía en un cuerpo físico que estaba sufriendo. Francine dice que uno de los motivos por los que dijo eso fue porque había estado conversando con Dios con regularidad y luego, de repente, durante la crucifixión, Dios se quedó en silencio. Cuando ella me dijo esto, me acordé de Juana de Arco, cuyas voces se quedaron en silencio en su momento de crisis y durante su ejecución. Evidentemente, este fue un pequeño lapsus en Cristo, debido a su sufrimiento y a su estado mental de abatimiento, en el cual realmente creyó que iba a morir. Ciertamente, Dios sabía que Jesús no iba a morir en ese momento y, evidentemente, sintió que no tenía que hacer ningún comentario, ya que la Carta de Cristo estaba siguiendo su rumbo y debía ser experimentada.

CAPÍTULO 7

La resurrección: un plan para la supervivencia de Cristo

Según Francine, una de las primeras cosas que experimentó Jesús al despertar, además de un beso exuberante y una exclamación de alegría de María Magdalena, fue una profunda sensación de alivio y de felicidad pura por el hecho de seguir con vida. Alivio porque sabía que había cumplido su misión y felicidad al saber que había sobrevivido a una experiencia difícil en la que se suponía que iba a morir. Francine dice también que Dios habló con Jesús poco después de que él despertara y le dijo que estaba muy complacido por la forma en que había manejado toda la situación.

Como mencioné antes, Francine dice que cuando los médicos de Pilatos acabaron de tratar y vendar las heridas de Cristo y se marcharon, solamente quedaron María Magdalena y José de Arimatea para asistirlo. Temprano por la mañana en el Sabat, recibieron el mensaje de Pilatos de que debían encontrar otro lugar para ocultar a Jesús, ya que el Sanedrín estaba enviando a unos soldados a vigilar la sepultura. Magdalenta ayudó a un Jesús inestable a ponerse una ropa que lo disfrazaría, mientras que José se fue a buscar una camilla y a otras personas para que le ayudaran. Poco después salieron de la tumba, volvieron a colocar en su sitio la roca que la cerraba herméticamente, haciéndola rodar, y llevaron a Jesús a un lugar seguro para que se recuperase.

Lo que la mayoría de la gente no sabe es que, supuestamente, la resurrección del Mesías fue predicha por las profecías judías en el Antiguo Testamento (principalmente en Salmos 15, 8-11, Salmos 21, 19-22 e Isaías 53, 8-11). Citaré algunas de las que aparecen en la versión católica de la Biblia más reconocida (Douay-Rheims):

> *Tengo siempre al señor en mi vista: porque él está a mi derecha, para que no me muevan.*
> *Por eso se alegra mi corazón y se regocija mi lengua: además, mi carne también descansará en la esperanza.*
> *Porque tú no dejarás a mi alma en el infierno, ni entregarás a tu ser sagrado para que vea la corrupción.*
> *Tú me has dado a conocer los caminos de la vida, tú me llenarás de alegría con tu semblante; a tu derecha hay delicias incluso hasta el final.*
>
> SALMOS 15, 8-11

> *Se repartieron mi ropa entre ellos, y echaron mis vestiduras a suertes.*
> *Mas tú, Señor, no alejes tu ayuda de mí; encárgate de mi defensa.*
> *Libra, Señor, a mi alma de la espada: no me dejes caer en manos de los perros.*
> *Sálvame de las fauces del león, y a mi humilde vida de los cuernos de los unicornios.*
>
> SALMOS 21, 19-22

> *Él fue llevado por el sufrimiento y las críticas: ¿quién declarará su generación?*
> *Porque él fue arrancado de la tierra de los vivos: por la maldad de mi pueblo le he herido.*
> *Y él dará a los malvados por su entierro, y a los ricos por su muerte: porque él no cometió ninguna injusticia, ni tampoco hubo engaño en su boca.*

Y el Señor estaba complacido de golpearlo en su debilidad: si él ofrece su vida por los pecados, verá una descendencia prolongada, y la voluntad del Señor será próspera en sus manos.

Porque su alma ha sufrido, él verá y quedará colmado: por sus conocimientos mi siervo justificará a muchos y cargará sobre sí las iniquidades de ellos.

ISAÍAS 53, 8-11

Ahora bien, si tienes una Biblia a mano, quizás te interese leer estas profecías y, si tienes otra versión de la Biblia, es posible que las palabras sean un poco distintas. Espero que salgas de esa experiencia como salí yo... confundida por la evidente oscuridad. No comprendo cómo alguien puede imaginar que éstas son profecías de la resurrección. Siempre he dicho que hay una vida después de la muerte, un lugar al que vamos en el que no existe el mal ni la negatividad, al que yo llamo el Otro Lado. Por lo tanto, todos nosotros resucitamos (excepto las entidades Oscuras) cuando morimos.

Los cuatro evangelios mencionan la resurrección y, una vez más, nos encontramos con contradicciones en las diferentes versiones. Mateo (28, 2) dice que un ángel hizo rodar la losa que sellaba el sepulcro, mientras que Marcos (16, 4), Lucas (24, 2) y Juan (20, 1) afirman que María Magdalena salió del sepulcro y encontró la piedra rodada. Hay muchas contradicciones: en Juan sólo está María Magdalena en el sepulcro; en Lucas, se encuentran María Magdalena, Juana, María, la madre de Santiago, y otras mujeres; en Marcos, están María Magdalena, María, la madre de Santiago, y Salomé; y en Mateo están María Magdalena y la «otra María». En lo único en que están todos de acuerdo es en que María Magdalena se encontraba en el sepulcro.

Encontramos más contradicciones en las diferentes versiones de la resurrección, y en algunos sentidos dan a entender no tanto que Jesús había resucitado, sino que estaba vivo (literalmente). En Mateo un ángel hacer rodar la losa y se sienta sobre ella mientras

125

hace que los guardias se queden como «muertos». Luego cuenta que el ángel le dijo a la mujer que Jesús no estaba dentro del sepulcro y que fuera a decírselo a los discípulos de Cristo y que todos lo verían en Galilea. A continuación, Mateo dice que las mujeres ven a Jesús inmediatamente después de eso, antes incluso de llegar hasta donde estaban los discípulos, en lugar de verlo en Galilea. Después de ser visto, Jesús les pide que vayan a decir a sus discípulos que los verá en Galilea.

En Marcos, María Magdalena, María de Cleofás (madre de Santiago) y Salomé encuentran que la losa ha sido movida y ven a un joven con una túnica blanca (¿un ángel?) sentado en el sepulcro vacío. El muchacho les dice que Jesús no está ahí, que se ha levantado, y que deben ir a decir a los discípulos que Cristo se encontrará con ellos en Galilea. Luego Marcos cuenta que Cristo se apareció primero a María Magdalena y que después María fue a ver a los discípulos y les dijo que Cristo estaba vivo. Cito a Marcos 16, 10-11: «*Ella fue a decírselo a los que habían andado con él, que estaban llenos de tristeza y llorando. Y ellos, al oír que estaba **vivo** y que ella lo había visto, no lo creyeron.*»

Luego tenemos a Lucas, que cuenta que las mujeres (María Magdalena, Juana, María de Cleofás y otras) encontraron el sepulcro abierto, con la piedra movida, y que aparecieron dos hombres «con vestidos deslumbrantes» y les dijeron: «¿Por qué buscáis entre los muertos al que está **vivo**?». A continuación, dicen que Jesús se levantó y que no está en el sepulcro. Entonces las mujeres van a contárselo a los discípulos.

En Juan solamente está presente María Magdalena, y ve el sepulcro abierto. Entonces corre y le cuenta a Pedro y a otro discípulo (seguramente Juan el Bienamado) que la tumba está abierta y que el cuerpo de Cristo ya no está allí. Pedro y Juan van a ver el sepulcro vacío y luego se van a casa. María Magdalena se queda y ve a dos ángeles vestidos de blanco sentados en el sepulcro, que le dicen: «Mujer, ¿por qué estás llorando?». A lo que María replica: «Porque se han llevado a mi Señor, y no sé dónde lo han dejado».

Luego, en el Evangelio de Juan, Jesús se aparece a María Magdalena, que al principio no lo reconoce porque cree que es el jardinero. ¿Llevaba puesto Jesús una especie de disfraz?

Aquí tenemos las contradicciones sobre qué mujeres estuvieron allí; cuántos ángeles había allí, si es que había alguno; si todos los discípulos fueron a ver el sepulcro o si fueron solamente dos; si la piedra fue movida o el sepulcro ya estaba abierto; y si María Magdalena vio a Cristo y cuándo lo vio. Una vez más, uno esperaría que un acontecimiento tan importante como la resurrección estuviera descrito de una forma más coherente.

En lo único en lo que parecen coincidir los cuatro evangelios es en el hecho de que los discípulos eran unos cobardes. Los cuatro evangelios mencionan que algunos de ellos, o todos, no creyeron que Cristo estaba vivo y que había resucitado. Justo antes de que Cristo convirtiera a sus discípulos en apóstoles, Mateo 28, 17 dice: «*Y al verlo, lo adoraron; pero algunos dudaron*». En Marcos, Jesús aparece ante dos discípulos que no le creen y luego, justo antes de que Jesús los convierta en apóstoles, en Marcos 16, 14, dice: «*Finalmente se apareció a los once cuando estaban a la mesa y les reprendió su incredulidad y dureza de corazón, porque no habían creído a los que lo habían visto después de haber resucitado*».

Lucas y Juan ofrecen descripciones más largas, pero cuentan que los discípulos de Cristo estaban incrédulos y asustados. Estos dos evangelios también relatan historias que nos hacen comprender mejor el hecho de que Jesús estaba vivito y coleando. En Lucas, Jesús aparece ante los Once diciendo: «*¡La paz esté con vosotros! Soy yo, no temáis*» (Lucas 24, 36). Luego Lucas dice que los discípulos se asustaron y, presas del pánico, pensaron que estaban viendo un espíritu. Entonces, en Lucas 24, 38-39, Jesús dice: «*¿Por qué os asustáis y por que dudáis dentro de vosotros? Ved mis manos y mis pies. Soy yo mismo. Tocadme y ved, **porque un espíritu no tiene carne y huesos, como veis que yo tengo***». Luego Lucas continúa contando, en Lucas 24, 41-43: «*Pero como ellos no creían aún y estaban maravillados por la alegría, él les dijo: "¿Tenéis* *algo de comer?".* *Y ellos le ofrecieron un trozo de pescado asado y* *un panal.* *Y cuando hubo comido delante de ellos, tomó lo que que-* *daba y se los ofreció».* Juan también nos cuenta la historia de un Tomás que duda y dice a los otros discípulos que él no creerá que Cristo está vivo hasta que meta el dedo en sus heridas. En Juan 20, 26-29 leemos: *«Y ocho días después, sus discípulos estaban nue-* *vamente ahí dentro, y Tomás estaba con ellos. Jesús llegó, estando las* *puertas cerradas, y se puso en medio de ellos y dijo: "¡La paz esté con* *vosotros!". Luego dijo a Tomás: "Trae aquí tu dedo y mira mis ma-* *nos; trae tus mano y métela en mi costado, y no seas incrédulo, sino* *creyente". Tomás le contestó: "¡Señor mío y Dios mío!". Jesús le dijo:* *"Has creído porque me has visto. Bienaventurados los que creen sin* *haber visto"».*

No creo que uno tenga que estar tan expuesto a los fantasmas como lo he estado yo para saber que los fantasmas no se pueden tocar, y nunca ninguno me ha dicho que tenía hambre, y mucho menos se ha sentado a comer. Si tocas a un fantasma, puedes notar una sensación muy tenue, y los fantasma pueden mover cosas o hacer ruido, pero no son sólidos para el tacto. A veces he hablado con ellos lentamente, pero otros son muy locuaces. Se les puede ver, como lo he hecho yo en ocasiones, pero luego desaparecen. Los Espíritus Guías también pueden manifestarse, pero no pueden mantener la forma durante mucho tiempo porque están en un nivel superior. De hecho, cuanto más tiempo lleva muerta una persona, más difícil es para ella entrar, porque ha ascendido a un nivel o plano vibracional superior. Los ángeles que están siempre con nosotros no hablan. La única ocasión en la que los ángeles hablan (que no es frecuente) es cuando adoptan una forma humana para salvarte la vida o para transmitirte un mensaje. Pero ningún fantasma permanece contigo, ni te come, ni te dice lo que te depara el futuro, ni te da instrucciones, como hizo nuestro Señor con sus discípulos.

Podrías decir: Pero, si Jesús era el Hijo de Dios, ¿acaso no podía hacer todas esas cosas? Sí, pero puesto que no murió, éste es un punto discutible. Una vez más, y vale la pena repetirlo, ¿cómo afecta esto a su divinidad? Estoy segura de que los musulmanes y los budistas no tienen en menos estima a sus mensajeros porque no murieron como mártires y no resucitaron de vuelta a la vida. Esto no cambia la verdad de que Cristo era divino.

Francine dice que después de que José de Arimatea y María Magdalena retiraran a Jesús del sepulcro lo llevaron a un lugar seguro para que se recuperara y se pusiera bien. Fue también durante este período que juntaron sus mentes para encontrar la mejor manera de hablar del plan a los discípulos, decirles que Jesús todavía estaba vivo y contarles cuáles eran sus planes. Después de aproximadamente una semana de recuperación, Jesús decidió salir disfrazado para encontrarse con algunos de sus discípulos. Después de haberse reído mucho por el hecho de que no lo hubieran reconocido, les hizo saber quién era y les dijo que se encontraran con él en Galilea dos semanas más tarde, con los demás discípulos. Jesús se tomó otra semana de preparación y recuperación y partió hacia Galilea para reunirse con ellos.

Según Francine, las historias que cuentan que María Magdalena llegó al sepulcro en las primeras horas del día después del Sabat (Domingo de Pascua) no son ciertas. Ella dice que María Magdalena jamás se separó de Jesús y que después de que lo hubiera llevado a un lugar seguro, el domingo él ya estaba en pleno proceso de recuperación. Esta historia tuvo que ser construida para mostrar que hubo testigos de la resurrección de Jesús de su supuesta muerte, y en breve veremos cómo encaja esto. La piedra del sepulcro fue retirada por los guardias contratados por el Sanedrín para, inicialmente, ver si Cristo se había levantado o no. Al hallar el sepulcro vacío, inmediatamente informaron de este hecho al Sanedrín. Los sacerdotes del Sanedrín se enfrentaron a un dilema espiritual. ¿Realmente habían matado a su propio Mesías? A la larga, el miedo y la codicia prevalecieron y ellos inventaron la historia de que los discípulos habían robado el cuerpo de Cristo del sepulcro. Esto está confirmado en Lucas 28, 11-15.

Francine dice que la parte del Nuevo Testamento sobre la crucifixión y la resurrección de Cristo que presentan los evangelios de Mateo, Marcos, Lucas y Juan fue construida en gran parte para ocultar el hecho de que Jesús estaba vivo y bien. Aunque Cristo fue crucificado y padeció un enorme sufrimiento, ninguno de los hechos del plan para salvar a Jesús se conoció, a excepción de algunas pistas, de las que ya he hablado. La resurrección fue una invención absoluta y tuvo que ser creada para ocultar la huida de Jesús y su familia, porque, ¿quién iba a buscar a un hombre muerto que había ascendido a los cielos?

Jesús viajó a Galilea disfrazado y durante el camino descansó a menudo, ya que todavía se estaba recuperando de su penosa experiencia en la cruz. A lo largo del camino, evitó cuidadosamente a los soldados romanos, a los fariseos y a los sacerdotes, hasta que por fin llegó al lugar designado para encontrarse con sus discípulos. Francine dice que ellos se asustaron mucho cuando vieron a Jesús por primera vez y realmente creyeron que se trataba de un espíritu, tal como se cuenta en Lucas 24, 37. Jesús sí hizo el comentario, no sólo a Tomás, sino a todos ellos, de que tocaran sus heridas para verificar que todavía estaba vivo, y también pidió comida porque estaba hambriento. Entonces, todos los discípulos se convencieron de que estaba vivo y empezaron a hacerle muchas preguntas.

Jesús pasó las dos semanas siguientes lejos de la vista del público y les explicó a sus discípulos el acuerdo que había hecho con Poncio Pilatos y por qué había tenido que mantenerlo todo en secreto ante ellos. Inicialmente, varios de los discípulos se sintieron dolidos porque Jesús no había confiado en ellos; pero cuando él les aseguró que el secreto había sido necesario para minimizar las posibilidades de que el plan saliera a la luz, ellos superaron rápidamente el hecho de haber sido dejados de lado. Jesús también les explicó que Judas Iscariote no era un traidor, sino que había fingido traicionarlo porque él se lo había pedido para hacer más creíble su plan de supervivencia.

Cristo luego les explicó muchas cosas que eran imperativas para su huida y su supervivencia. Dijo a sus discípulos que se iba a ir de Israel para evitar que lo volvieran a capturar y lo mataran. Jesús también los preparó para que fueran apóstoles durante ese tiempo, dándoles instrucciones sobre adónde viajaría cada uno de ellos para predicar sus enseñanzas. Debían ir a Grecia, Turquía, Asia y Europa. Su hermano Santiago debía quedarse en Israel y encabezar las operaciones allí. Antes de que los apóstoles se marcharan, Jesús les dio esperanzas y unas palabras de sabiduría y amor, y les dijo a todos que siempre estaría con ellos, ya fuera físicamente o en espíritu. Los apóstoles no querían que Jesús y su familia se marcharan, pero sabían que tenían que hacerlo: el peligro de que los encontraran y los persiguieran era demasiado grande. Finalmente, Jesús se despidió de ellos y les dijo que se iba al cielo, pues era así como los esenios llamaban a Qumrán, hasta que se pudieran hacer los preparativos finales. Habían pasado varios meses desde la crucifixión y Jesús sentía que había preparado a sus apóstoles lo mejor posible. Francine dice que los apóstoles siguieron adelante y predicaron en muchas tierras y todos ellos dijeron que Cristo había muerto en la cruz, que había resucitado y ascendido a los cielos, para proteger el secreto de que todavía estaba vivo.

Fue durante esta época que Cristo tuvo una reconfortante reunión con su madre, a quien también le habló del complot para su supervivencia y de sus planes de huir. Mientras permaneció oculto, tuvo lugar otro gran acontecimiento: María Magdalena se quedó embarazada. Uno pensaría que ese bebé habría sido motivo de gran alegría entre todos los de su grupo, y en cierto modo así fue, pero ahora existía el miedo añadido de perder a ese niño si no huían. De manera que la alegría se mezcló con el miedo. Alegría de que el linaje real de la Casa de David y los futuros reyes merovingios no se extinguiera, pero miedo a ser descubierto y que todos fuesen acusados de ser conspiradores y asesinados.

José de Arimatea fue realmente uno de los héroes de la historia de la huida de Cristo. Era amigo íntimo de Pilatos, en su condición de ministro de minas romano, y también un discípulo secreto de Jesús. Era tío de la madre de Cristo, María, y tenía minas de estaño en Britania. Sus conexiones dentro del gobierno romano y su amistad con Poncio Pilatos fueron factores determinantes en el plan para salvar a Jesús. Supongo que actualmente, en nuestra época, uno podría o debería llamar a esto tráfico de influencias y soborno. La entrega de dinero a las personas adecuadas, sin excluir a Poncio Pilatos, hizo que la huida de la familia fuese mucho más fácil.

Jesús luego llevó a su familia a Qumrán, a la espera de que José de Arimatea viniera para ayudarles a huir a Israel. José estaba ocupado haciendo los preparativos para su huida. Hizo construir un barco en Tiro lo bastante grande como para llevar provisiones para un largo viaje, pues pensaba que, muy probablemente, se irían a Britania, donde él tenía grandes propiedades. Incluso había dispuesto que una pequeña escolta de barcos los protegiera de los piratas, que en aquella época solían atacar en las rutas comerciales. Unos seis meses después de la crucifixión, José fue a buscar a Jesús y a su familia. Partieron de Qumrán y viajaron durante aproximadamente dos semanas a través de Galilea hasta llegar la ciudad costera de Tiro. En la oscuridad de la noche subieron a bordo de la nave bien aprovisionada que José había construido para ellos y partieron con la primera marea. Jesús estaba acompañado de María Magdalena, de su madre, María, de José y de Felipe y Santiago (dos de sus discípulos). A pesar de la sugerencia de José de que fueran a Britania, Francine dice que ellos no estaban seguros de que finalmente llegarían hasta allí, pero Jesús les dijo que lo sabrían en cuanto la encontraran.

Estoy convencida de que esto demuestra que, como siempre, Jesús tenía un contacto perfecto con Dios, más que cualquier otra persona que haya vivido jamás, incluido Moisés, que supuestamente oyó la voz de Dios en una zarza ardiente. Aunque algunos teólogos ponen en duda esta historia sobre Moisés, estoy segura de que él tuvo algún tipo de revelación divina. Sin embargo, el hecho de que deambulara por el desierto durante cuenta años hace que uno se pregunte cuán fuerte fue dicha revelación, mientras que Jesús jamás se desvió de su camino profético y preestablecido. No cabe ninguna duda de que, aunque es posible que no siempre haya querido cumplir su destino, lo hizo con una gran valentía y fuerza de voluntad. Él sabía que si pasaba por esas experiencias penosas había más probabilidades de que sus lecciones y su forma de vida permanecieran.

Aquí, una vez más, Jesús estaba disconforme con algunas de las grandes religiones del mundo. Aunque la forma de vida de los gnósticos y sus sistemas de creencias se remontaban a miles de años atrás, no habían tenido ningún líder hasta que llegó Jesús. Uno puede tener una creencia, pero toda religión parece necesitar un mesías o un mensajero que la dé a conocer. De modo que Cristo fue verdaderamente el elegido de Dios, una divinidad en una forma humana.

Su barco navegó hacia el norte, luego hacia el este, hasta que finalmente recaló en Turquía (donde, incluso hasta el día de hoy, insisten en que María y María Magdalena estuvieron allí), en Éfeso. Una vez allí, Jesús le dijo a José de Arimatea que se fuera con el barco a Britania para introducir sus enseñanzas allí y que regresara a Éfeso tres años más tarde para recogerlo. Después de decidirse por una fecha y una hora para el encuentro, José navegó hacia Britania y construyó un asentamiento cristiano en Glastonbury. Jesús alquiló una vivienda para su madre y dejó allí a Santiago y a unos sirvientes contratados para que velaran por ella y la cuidaran. Después se llevó a María Magdalena (que se negó a quedarse allí) y a Felipe y viajaron de vuelta a la India y a Cachemira. Fue durante este viaje cuando María dio a luz a su primera hija, Sara. Jesús, María y Felipe pasaron casi un año y medio en la India y en Cachemira, impartiendo enseñanzas a todo aquel que quisiera escucharles. Puesto que debían encontrarse con José y puesto que quería volver a ver a su madre, regresaron a Éfeso. Allí pasaron algunas semanas antes de que llegara el barco de

José. Luego empacaron sus pertenencias y emprendieron la navegación hacia el este. Se detuvieron en Grecia y en Italia durante un tiempo, e incluso fueron a Britania, al asentamiento de José. Finalmente fueron hasta Francia, atracando en Marsella. Tras viajar durante un tiempo por Francia, acabaron estableciéndose en el sur de dicho país, en la zona de Rennes-le-Château. El motivo por el cual se establecieron en Francia es vago, aunque mi guía dice que Jesús fue conducido hasta allí.

Aunque se establecieron por Rennes-le-Château, se movían e impartían sus enseñanzas por toda la zona y toda la región de Languedoc. Sabemos que al menos una gran comunidad de gnósticos, los cátaros, también se estableció allí, lo cual no es una coincidencia. También sabemos que muchas de las sociedades secretas, como el Priorato de Sion, los Francmasones y los Caballeros Templarios parecen tener sus raíces en Francia o en Inglaterra.

¿Por qué allí? Esto se explica por sí solo, ya que estaban intentando proteger a los descendientes de la familia real iniciada por Jesús y María Magdalena. Durante muchos años, los Caballeros Templarios fueron propietarios de tierras y de un gran castillo en la región, y tuvieron una gran influencia en la gente. En la época medieval, los cátaros de la zona atrajeron multitudes de conversos de la Iglesia católica, en tan grandes cantidades que la Iglesia inició una cruzada contra ellos y eliminó a casi todos. Toda la región de Languedoc se consideraba de naturaleza gnóstica y los gnósticos consiguieron establecerse allí porque en sus buenos tiempos estuvieron protegidos por los Caballeros Templarios y los nobles de la región.

Algunos historiadores dicen que solamente se establecieron en tierra francesa María Magdalena, Sara (a quien llamaban la egipcia) y José de Arimatea, pero definitivamente, Jesús, Felipe y Santiago también estaban con ellos. Francine dice que Jesús adoptó el nombre de David Albengentun como parte de su nueva identidad. Puesto que nadie en Francia había visto jamás a Jesús y ciertamente en aquella época no sabían lo que había ocurrido en

Galilea, Nazaret, Belén o Jerusalén, Jesús estaba comenzando su nueva vida en otro país con seguridad. Es muy probable que muchos de ellos ni siquiera supieran que esos lugares existían. Conviene recordar que en aquellos tiempos todavía creían que el mundo era plano y que si uno se alejaba demasiado navegando caía al abismo. No fue hasta finales del siglo quince, con Colón, y a principios del siglo dieciséis, que los exploradores demostraron que se podía navegar más allá del mundo conocido.

Sara era muy pequeña cuando tuvieron a la otra niña, Ester, y luego dos niños. María Magdalena también perdió a varios bebés. Jesús no se mostró abiertamente durante la mayor parte del tiempo, pero con sus enseñanzas convirtió a muchos en la zona en la que vivía, y esas personas se convirtieron en futuros gnósticos, que guardaron el secreto de Jesús hasta la muerte. El llamado Santo Grial era el vientre de Magdalena, en el que llevó a sus hijos de sangre real o *Sang Real*, que, traducido, significa sangre sagrada o sangre regia. En el período medieval, a menudo, el Santo Grial era llamado Sángrela o San Greal, lo cual significa Santo Grial o recipiente sagrado. Dependiendo de cómo se separe la palabra Sángrela, se obtienen dos interpretaciones fascinantes.

En aquella época, Jesús tenía aproximadamente treinta y cinco o treinta y seis años, y María Magdalena, veintitrés o veinticuatro. Magdalena salía a predicar las enseñanzas de Cristo y muchos dicen que ella fue el primer Papa, no Pedro. Incluso hoy en día, en Francia existe la Iglesia de María Magdalena en Rennes-le-Château, así como en muchos otros lugares del mundo. Si no la respetaran o no pensaran que es como una santa, ciertamente no le habrían construido una iglesia. La mayoría de los Papas no gozan de ese privilegio. Las iglesias están dedicadas exclusivamente a los santos, de modo que deben de haberla tenido en muy alta estima. Los teólogos de la Iglesia han discutido sobre ella durante muchos años, y fue vilipendiada ya en el siglo tres por Hipólito, quien la calificó de pecadora y ramera. En el año 591, el Papa Gregorio I confirmó esta opinión, y María Magdalena fue considerada por la Iglesia católica una pecadora «arrepentida» hasta 1969, cuando la Iglesia decidió, en un gesto sin precedentes, admitir su error en el Concilio Vaticano Segundo (Vaticano II) y declaró que no era una pecadora, en ningún sentido. Magdalena nunca fue canonizada como santa por la Iglesia, pero está incluida en lo que la Iglesia católica llama el «sentir de los fieles». La canonización no fue adoptada e implementada por la Iglesia católica hasta el siglo décimo, de modo que antes de esa época los santos eran creados por el fervor del pueblo, y a eso se le llama el «sentir de los fieles». María Magdalena entra dentro de esta categoría y era especialmente venerada en Francia. Allí, en la época medieval, se construyeron varias iglesias a las que se les dio su nombre.

Magdalenta se mezclaba con la gente e hizo muchas grandes obras y predicó constantemente las enseñanzas de Jesús. Cristo prefería pasar desapercibido y se dedicó a sus escritos, algunos de los cuales fueron atribuidos a Felipe. Felipe y Santiago, usando sus propios nombres, ponían por escrito constantemente las palabras directas de Jesús, manteniendo un registro exacto de todos los sermones y las enseñanzas que él impartía a la gente. Francine dice que Jesús también ayudó a Santiago y a Magdalena a escribir sus evangelios.

Los evangelios de Felipe y Santiago fueron hallados en Nag Hammadi, en Egipto, en 1945, y el de María Magdalena, en 1896, en Akhmim, Egipto, por unos alemanes y fue denominado el Códice de Berlín. El evangelio de María no forma parte de la biblioteca de Nag Hammadi, como muchos creen, pero en realidad no fue traducido hasta la década de los cincuenta. Ninguno de estos evangelios descubiertos son los originales, pero ciertamente no habían sido modificados como los escritos del Antiguo y el Nuevo Testamento, que han sido copiados y corregidos miles de veces. En una traducción se puede perder el verdadero significado, y mucho más en miles de traducciones copiadas a mano, especialmente cuando es del arameo al griego o al latín, etc.

Hay incluso algunas palabras que se interpretan de una forma completamente errónea, como por ejemplo la palabra «pecado». Esta palabra era originalmente un término del tiro con arco que significaba «no dar en el blanco». De manera que sacas otra flecha y otro arco y vuelves a intentarlo. La palabra hebrea *Sheol* fue interpretada como «infierno» o Hades, pero en realidad es el nombre de un vertedero que ardía continuamente en las afueras de Jerusalén. De modo que si lo juntamos todo y luego le añadimos un demonio o el supuesto ángel caído mitológico llamado Lucifer, tenemos los elementos suficientes para asustar a una población inculta para que dé dinero por temor a la condenación, lo que lleva al control de las almas. Si no tienes las mismas creencias que la Iglesia, entonces estás condenado. Sin embargo, se supone que Dios ama a todos, todo lo sabe, perdona a todos y es omnipotente. ¿Cómo podría Él condenar a aquellas personas a las que la Iglesia sentenció a la condenación eterna? Esta Tierra es el lugar de la negatividad, la discordia y el mal, pero en realidad es un plano temporal para aprender o una escuela para el alma. Si la negatividad y el mal no existieran, ¿cómo íbamos a saber lo que es el bien? ¿Cómo podríamos saber de qué están hechas nuestras almas y lo que podemos soportar para poner a prueba nuestro valor y hacer que nuestras almas aprendan y se expandan en la espiritualidad?

Mis investigaciones han llegado naturalmente a través del conocimiento infundido por Dios (todas las cosas lo hacen), de mi experiencia de vida y de haber realizado veinte lecturas diarias durante más de cincuenta años. Pero al vivir la vida en este plano terrestre, todos nosotros tenemos la oportunidad de aprender, y como dice una parte de mi oración favorita, «Mi alma magnifica al Señor», todos tenemos la oportunidad de glorificar al Señor con nuestros actos.

Aquellos que conocieron la verdad secreta de la vida de Cristo (ya fueran los Caballeros Templarios más adelante, o las personas de las aldeas de Francia que vivieron con Jesús) guardaron ferozmente el secreto y fueron muy protectores con él y su familia. Las personas que estaban alrededor de Jesús y su familia en Francia se convirtieron en un nuevo tipo de gnósticos, descartando las viejas teorías del gnosticismo que prevalecieron hasta esa época y recibiendo las verdaderas enseñanzas de Jesús... no las enseñanzas del Nuevo Testamento, que habían sido corregidas intensamente por la Iglesia primitiva. Estas personas se convirtieron en los primeros verdaderos gnósticos cristianos, sin interesarse por la cuestión de la divinidad, sino por las maravillosas y hermosas enseñanzas que Jesús les daba. La verdad es la verdad, y la cuestión de la divinidad tiene muy poco que ver con ello.

La madre de Cristo, María, murió unos diez años después de su llegada a Francia. Jesús estuvo con ella hasta el final, al igual que los niños y Magdalena. José de Arimatea murió cuatro años más tarde, de modo que sólo quedaron Santiago, Felipe, Magdalena, Jesús y los cuatro niños. Jesús daba pequeños sermones a los niños de los pueblos de la zona, que se sentaban alrededor de él, y que acabaron convirtiéndose en los gnósticos que posteriormente difundieron sus enseñanzas. También predicaba para todo aquel que quisiera escucharle, pero muy esporádicamente. Francine dice que Jesús amaba a los niños y sabía que ellos eran el futuro y que transmitirían sus enseñanzas a las otras generaciones. Jesús también realizaba algunas curaciones de vez en cuando, pero tenía cuidado de no llamar la atención sobre sus habilidades sanadoras.

Magdalena, por su parte, era sumamente activa en la comunidad y enseñaba a las mujeres a dar consejos espirituales e incluso a administrar lo que podríamos llamar «sacramentos». Ellas realizaban bautizos, daban consejos e incluso celebraban bodas. También estudiaban las otras religiones, teologías y filosofías existentes, en una especie de grupo de estudios, con discusiones abiertas sobre las verdades y falsedades de cada una de ellas.

Las mujeres fueron los primeros sacerdotes; incluso los historiadores están de acuerdo en esto. Extrañamente, las mujeres también se estaban convirtiendo en maestras espirituales en otras partes del mundo, lo cual llevó posteriormente a la Santa Inquisición. Esto aseguraba, de una vez por todas, que todas las mujeres se quedaran en su sitio o fueran etiquetadas como brujas o herejes. Francia también desempeña un papel en la saga de Juana de Arco, que es todo un libro en sí misma. Había mucha espiritualidad que provenía de Francia, en gran parte debido a las enseñanzas de Jesús y María Magdalena.

Después de pasar más de cuarenta años en Francia, Jesús murió a la edad aproximada de ochenta y seis años, que era una edad muy avanzada para la época. Magdalena vivió veinte años más, llegando hasta los noventa y tantos. Ella era venerada por la población local casi como más adelante lo fueron los santos o los Papas. Ella curaba, realizaba buenas obras, enseñaba y daba sermones. Uno de sus hijos se fue a Grecia y el otro a Roma, pero Sara y Ester se quedaron en Francia. Con ayuda de Magdalena, organizaron pequeños, y a veces grandes, cónclaves de gnósticos que se extendieron hasta España, Portugal, las Islas Británicas e incluso hasta lejanos países orientales como la India. Estos gnósticos no tuvieron tanta influencia en la India y en el Lejano Oriente como la tuvieron en Europa, quizás porque ellos estaban muy empapados en sus propias religiones: hinduismo, budismo, etc. A pesar de su fracaso allí, no fueron perseguidos en modo alguno, quizás porque en ningún otro lugar de la Tierra conviven las religiones con tanta tolerancia como en la India. Claro que ha habido algunas insurrecciones y persecuciones, porque el hombre es el hombre, pero nada como el aparentemente eterno conflicto entre el pueblo de Israel y los palestinos. En la India uno ve templos, mezquitas e iglesias, unos junto a los otros.

Cuando Jesús y Magdalenta dejaron este plano, eran conscientes de sus Cartas y sabían que tendrían que pasar años antes de que se conociera su verdadera historia. Por encima de todo, sus vidas estaban dedicadas al Dios verdadero, sin dogmas ni miedo. Pero la suya es probablemente una de las más grandes historias de amor de todos los tiempo, superando a la de Eloísa y Abelardo, o la de Romeo y Julieta. Estaban totalmente dedicados el uno al otro y estaban de acuerdo en amar a Dios y sacar a la luz la verdad.

Los que conocían la verdad la protegían ferozmente, y a partir de esa protección, acabaron formándose sociedades secretas debido a la persecución por parte de la Iglesia. La Iglesia, que en realidad quería un poder patriarcal supremo, estaba fuera de control porque ninguna persona o grupo era lo bastante fuerte como para detenerla. Ya mandaba sobre los reyes y la nobleza, tenía grandes extensiones de tierra y propiedades y era sumamente rica. La corrupción se estaba propagando y la Iglesia estaba, claramente, abusando de su poder, derrocando reyes y persiguiendo a los gnósticos y a otras sectas y religiones con cruzadas y con la Inquisición. Las guerras santas, la tortura y la muerte se convirtieron en sus instrumentos... todo ello en nombre de Dios. De modo que se formaron sociedades secretas y pasaron a la clandestinidad para proteger el Linaje Sagrado y para mantener la libertad de culto fuera del alcance de la Iglesia. Cierto es que algunos de ellos se volvieron corruptos por el poder, pero eso no afectaba a lo que sabían: simplemente utilizaron ese poder incorrectamente.

La vida de Cristo fue básicamente tranquila y feliz después de su llegada a Francia, y él era lo bastante clarividente como para saber que, aunque tomara mucho tiempo, la verdad acabaría saliendo a la luz. Sabía que eso ocurriría en nuestra época; no en la suya, sino cientos de años más tarde. También sabía que cuando esa verdad fuese revelada, habría una controversia debido al poder de la Iglesia y a todas las falsedades y engaños, pero en el análisis final sería como cualquier otra cosa: los que creen, creen, y los que no, no.

Los que creemos en la divinidad de Cristo y seguimos sus palabras y sus enseñanzas sabemos que su sufrimiento, e incluso su exilio autoimpuesto, no fueron en vano; que él estaba en contra de las religiones existentes, que eran tan dogmáticas que pasaban por alto completamente la verdadera naturaleza de Dios. Probablemente, Jesús no era consciente de que sus enseñanzas iban a ser viciadas por los hombres que habían de crear una religión poderosa, rica e inmensa que ejercería el control a través del dogma y el miedo. Jesús no iba a la iglesia o al templo e intentaba enseñar a todo el mundo a buscar y encontrar la verdad en su propio templo, sin odio, ni remordimiento ni miedo. Nos trajo al Dios verdadero, pero los que vinieron después de él formaron una organización que decidió que el dinero, el poder y la política eran más importantes, y al perseguir esas cosas se tornaron aún más fanáticos.

Por lo visto el péndulo tiene que oscilar intensamente antes de acabar centrándose. No estoy intentando ponerme por encima de nadie, en absoluto. Dios sabe que ya he escrito suficiente sobre mi vida y mis meteduras de pata, pero debo decir que mientras escribía este libro sentí que el Señor estaba conmigo durante todo el camino. Era como si, cuando yo dudaba sobre lo que sabía, Jesús me dijera: «No temas, la verdad saldrá a la luz».

Nosotros, los gnósticos, somos cristianos hasta los tuétanos, y si yo o cualquiera de las otras personas que creen lo mismo que yo hubiésemos expresado sus ideas en cualquier otro momento que no fuera este, probablemente nos hubieran quemado en la hoguera o torturado. Intento, como lo hacen los gnósticos actualmente y como lo han hecho desde hace eones, tener una buena vida, amar a Dios y después irme a casa.

CAPÍTULO 8

El verdadero Apocalipsis

Para muchas personas, la religión es una gran fuente de consuelo y una oportunidad para adorar al Dios o a las Divinidades que perciben, según elijan. Ciertamente, hay muchas verdades en todas las religiones, pero también hay falacias evidentes que se basan en la mitología, el dogma y la tradición. Desde tiempos primordiales, la humanidad siempre ha tenido la necesidad de adorar a algún ser o poder más grande que ella, como podría ser el caso del antiguo hombre de las cavernas, que adoraba al sol, o quizás a alguna bestia fuerte o incluso a algún aspecto de la naturaleza, o a la pompa de algunas prácticas o ceremonias religiosas. Una de las primeras cosas que percibió el ser humano fue la dualidad que existía en la creación... Desde la dualidad de lo masculino y lo femenino en la naturaleza hasta la dualidad del comportamiento, que fue clasificado de bueno y malo. Nos concentraremos en lo último, ya que es lo que tiene un mayor impacto en la formulación de las religiones de la humanidad.

Desde tiempos inmemoriales, en la Tierra, la humanidad siempre ha reconocido el poder en sus diferentes aspectos, tanto si se trataba del jefe de una tribu, un rey o una reina, un líder religioso, un líder político o incluso la Madre Naturaleza. El hombre de la Antigüedad veía los desastres naturales como presagios o como la ira de algún dios: ¿por qué, sino, iba un terremoto, o un volcán, o una inundación, a destruir sus casas? Hoy en día vemos esas creencias y la mayoría de nosotros se da cuenta de que esas catástrofes no son causadas por ningún dios, sino por las fuerzas de la naturaleza que, de vez en cuando, provocan un desastre. Nuestros científicos nos dicen que ciertas condiciones climatológico o atmosféricas provocan las tormentas, las cuales, a su vez, pueden intensificarse y convertirse en huracanes, ciclones, inundaciones, etc. Aceptamos esto, reconocemos los conocimientos de la ciencia y ahora sentimos un respeto reverencial por la Madre Naturaleza, en lugar de hacer un sacrificio para un dios viento, un dios fuego o un dios que está descargando su ira. Los tiempos cambian, y la educación y los descubrimientos de la ciencia nos han dado una perspectiva distinta... ¿o no?

Los nuevos descubrimientos científicos y una mejor educación han hecho que nuestra forma de pensar y nuestra forma de ver la vida cambien casi a diario. Progresamos desde las creencias anticuadas como que el mundo es plano hasta el conocimiento generalizado de que la Tierra es una esfera planetaria insignificante en lo que parece ser un universo infinitamente grande, compuesto de trillones de planetas y soles que tienen unas distancias incomprensibles entre ellos (¡uff!). Los nuevos descubrimientos en el campo de la medicina han cambiado nuestra forma de ver las enfermedades y las dolencias. Ya no podemos decir, como decía el hombre de la Antigüedad, que las enfermedades o las dolencias están causadas por unos dioses vengativos, o porque unos demonios malvados están habitando en el cuerpo. La ciencia y la tecnología han abierto nuevos mundos de conocimiento para nosotros, y se podría decir que eso es bueno y malo al mismo tiempo. Tenemos unos instrumentos de tecnología maravillosos que nos ayudan en nuestra vida diaria, tratamientos médicos y medicinas que han ampliado nuestras vidas y aliviado nuestro sufrimiento, pero también tenemos armas de destrucción masiva que pueden aniquilar a millones de personas en un abrir y cerrar de ojos. Los nuevos avances en la civilización pueden traer muchas cosas buenas, pero también pueden crear nuevos problemas que todos nosotros debemos resolver. Esto no quiere decir que el cambio sea malo, sino que tenemos que adaptarnos a los cambios y a sus problemas potenciales más rápido que nunca.

A la inversa, si nos negamos a cambiar ciertas áreas problemáticas en nuestra sociedad a nivel planetario, esos problemas pueden llevarnos a una mayor disensión, a más guerras, a un mayor derramamiento de sangre y a más sufrimiento humano. Problemas como la intolerancia racial, étnica o religiosa; el hambre y las enfermedades; los enfrentamientos por las tierras y los recursos naturales; el control demográfico y los temas medioambientales no van a desaparecer y hay que darles solución. ¿Cómo resolvemos estos problemas todavía existentes causados por la naturaleza humana? Ciertamente, una persona no va a resolver estos males, ni tampoco una nación, porque nos enfrentamos a formas de pensar, sentimientos, creencias y emociones inherentes como la codicia, la venganza, las críticas, las creencias étnicas y religiosas, la apatía, el nacionalismo (tanto político como religioso), la lucha por el poder, la hipocresía y la falta general de espiritualidad. Aparentemente, parecería que casi no hay esperanza de que alguno de esos problemas pueda ser resuelto, y mucho menos todos ellos. Las naciones, los grupos y las personas llevan años intentando resolverlos, con muy poco éxito. Una de las piedras angulares de la sociedad que podría arreglar o reducir estos problemas es la religión. Pero ahí reside el problema.

No hay ningún área de la acción humana que esté más diversificada que las religiones de la humanidad. Además, son arcaicas, están ancladas en las tradiciones y los dogmas, y quizás lo peor de todo sea que se niegan a cambiar o lo hacen muy lentamente. Supongo que se podría decir que todas las religiones principales defienden que sus fundadores tenían la razón y básicamente todavía se mantienen fieles a sus creencias fundamentales, cuyos orígenes van desde hace mil quinientos años hasta hace más de cuatro mil años. Muy pocas, o quizás ninguna, han realizado cambios radicales en su dogma o en sus creencias, aunque muchas son arcaicas y fueron creadas para personas de la Antigüedad. Ancladas en la terquedad y la tradición, la mayoría de las religiones se niega a cambiar en un mundo que necesita una nueva participación de la religión en los problemas de hoy en día. Un ejemplo fundamental de esta falta de cambios son los escritos apocalípticos que todavía se mantienen en la mayoría de religiones en la actualidad.

Vamos a explorar primero el significado de la palabra apocalipsis. La mayoría de la gente cree que significa «el fin del mundo», pero en realidad significa revelar o dar a conocer a ciertas personas privilegiadas (mensajeros o mesías) una información sobre Dios o sobre el futuro que está oculta para la masa de la humanidad. Aunque la tradición judeo-cristiana-islámica interpreta el Apocalipsis como el fin del mundo tal como lo conocemos, existen motivos significativos por los que lo hacen.

Creencias como la resurrección de los muertos, el día del juicio final, el cielo y el infierno, están explícitas en la literatura apocalíptica de todas estas religiones y son una parte integral de sus filosofías para «controlar a las masas mediante el miedo».

Piensa en ello: las religiones usan los textos apocalípticos para promocionar la idea de Satanás o el Diablo, de un lugar de sufrimiento eterno llamado el infierno, y la más fuerte: que las almas de todo el mundo serán juzgadas e irán al infierno o al cielo por toda la eternidad. Claro que si sigues tu religión fielmente y haces lo que los clérigos te dicen que hagas, entonces quizás puedas ir la cielo si les das suficiente dinero, te adhieres a su fe y su dogma y, ciertamente, no exploras ni te informas para revelar su hipocresía y sus falsedades para liberarte de ser controlado mediante el miedo.

Las religiones orientales del hinduismo y el budismo no son duras ni se basan en el miedo, como las religiones judeo-cristianas-islámicas en su literatura apocalíptica. El hinduismo y el budismo (un retoño literal del hinduismo) creen en lo que ellos llaman «Pralaya», que es el final del mundo por medios naturales como desastres causados por la Madre Naturaleza. Con todos los problemas medioambientales que tenemos, como el calentamiento global y la progresiva inclinación polar, a mi parecer son éstos los que con mayor probabilidad podrían causar el fin del mundo, si es que eso llega a ocurrir. Cristo dijo en varias ocasiones que ningún hombre puede predecir el final de los tiempos y yo estoy de acuerdo con esa declaración, porque fundamentalmente es Dios el que determina nuestro destino.

Teniendo esto en mente, vamos a examinar el Libro de la Revelación o el Apocalipsis (dependiendo de en qué versión de la Biblia se encuentre) del Nuevo Testamento. Este libro, también llamado la Revelación de San Juan el Divino, el Apocalipsis de Juan, o el Libro de la Revelación de Jesucristo, el Mesías, es muy polémico no sólo porque se trata de un libro que se basa en el miedo, sino también porque hay un debate constante sobre si es una verdad absoluta o no.

Lo cierto es que nada de él es aplicable al mundo de hoy en día, como tampoco lo era a la época en la que fue escrito, o a la época de la Peste o a la Primera o Segunda Guerra Mundial. No hay ninguna verdad en el llamado Rapto, a menos que quieras verlo como unas personas que llegan a la verdad sobre el amor, la paz, la ausencia de intolerancia, juicios o guerras. De hecho, el llamado Rapto ni siquiera está en el Apocalipsis y solamente se lo menciona en Tesalonicenses I (4, 13-17), que se supone que es una carta de San Pablo, el autoproclamado discípulo (una vez más, el cristianismo paulino). No te dejes atraer por ningún grupo que te paralice mediante el miedo o te envuelva en algún tipo de culto descabellado o iglesia que haga referencia al Rapto y te diga que eres uno de los «elegidos» que ascenderá al cielo con Cristo. Date cuenta, una vez más, de que Dios no tiene características humanas como para tener favoritos. Todos somos Sus hijos, y en la vida ya hay suficiente dolor y aprendizaje.

De vez en cuando, alguna persona llama a mi puerta y me entrega literatura sobre los Testigos de Jehová (que creen en el Rapto y en que solamente un determinado número de almas será salvado). En una ocasión llegaron a darme el número exacto de almas que serían salvadas, y yo solía preguntarles irónicamente: «¿Y tú qué número eres?», Desde entonces, han cambiado esto, y ahora dicen que es un número «indeterminado» de almas. Ciertamente, no pretendo menospreciar a ninguna iglesia o creencia, pero a veces las iglesias o religiones conservadoras dan una imagen disparatada.

Otra creencia que tienen muchas personas es la de que el Anticristo está en el Apocalipsis. La verdad es que en el Apocalipsis no se menciona al Anticristo y solamente se hace mención de él en dos lugares de la Biblia: en Juan I (2, 18-22) y en Juan II (1, 7). El problema aquí es que, mediante sus interpretaciones, muchos estudiosos cristianos han insertado la presencia del Anticristo, pero en realidad el Apocalipsis no lo menciona.

Cada siglo ha anunciado el fin de los tiempos. Yo creo que no estamos en el final del mundo, sino en el final de este esquema en el que la gente viene a perfeccionarse. Sé que el mundo sobrevivirá, pero estoy segura de que gran parte de la humanidad no lo hará. Estamos tendiendo al calentamiento y a una progresiva inclinación polar. Hemos destruido nuestra atmósfera con humo, contaminación, etc., pero el mundo se vengará de nosotros. Esto lo baso también en el hecho de que aproximadamente el noventa por ciento de las personas están viviendo su última vida. Jamás, en los más de cincuenta años que llevo realizando lecturas, la cifra había sido tan elevada. ¿Por qué? Porque esta parte de nuestro proceso de aprendizaje ha llegado a su fin. Estoy segura de que seguimos aprendiendo en el Otro Lado, o en otros planetas, pero, una vez más, cero en lo que dijo nuestro Señor, que ningún hombre puede predecir el final de los tiempos o que nadie puede predecir el fin del mundo. El mundo es una cosa; la vida humana es otra.

Por lo general, la mayoría de los estudiosos cree que el «Juan» que escribió el Apocalipsis fue el apóstol Juan el Bienamado (Juan el Divino), pero en realidad nadie sabe quién escribió dicho libro. Esto ocurre con todos los evangelios canónicos y también es una realidad en este caso. Lo que sí sabemos es que fue un sueño, o al menos se da a entender que lo fue, y había un motivo para ello. En aquella época, muchas personas tenían mucha fe en los sueños, y si no la tenían, el autor podía apoyarse en la excusa de que «era sólo un sueño». De cualquier manera, este «Juan» estaba asegurándose de que no tuviera repercusiones. Es algo muy semejante al hecho de que Nostradamus escribiera en pareados que estaban inteligentemente diseñados para que él no fuera perseguido en la época de la Inquisición.

Muchos historiadores, e incluso algunos teólogos, consideran que esto no era más que una antología o un escrito simbólico de lo que estaba ocurriendo políticamente en aquella época. Lo comparan con otros libros como *Los viajes de Gulliver*, que era una manera de tratar el tema del clima político que había en la época en que fue escrito. Muchos creen, y Francine lo confirma, que el Apocalipsis fue escrito durante el sangriento período del reinado de Nerón, lo cual lo colocaría en el período que va del año 64 al 68 d. C. La Iglesia primitiva debatió intensamente si debía incluir, o no, el Apocalipsis en la Biblia. Fue incorporado justo antes de que la Biblia fuera canonizada y reconstruida por la Iglesia, aproximadamente en el año 350 d. C. Los líderes de la Iglesia primitiva consideraron que el Apocalipsis le daba una cobertura de miedo a la tarta, por así decirlo, y les proporcionaba unos escritos que respaldaban sus dogmas de la resurrección de los muertos, el juicio, el infierno, el cielo y Satanás.

Si en la actualidad alguien tuviera miedo de las represalias y fuera a escribir sobre Bush, Clinton, Nixon, etc., o sobre cualquier persona a la que considerara corrupta, injusta o propensa a la codicia y a caer en las tentaciones, escribiría un tratado simbólico en forma de ensayo o de libro metafórico. Tanto si se trata del monstruo que sale del mar (el líder o Nerón, romano en este caso) o de los siete sellos (como las siete plagas en la época de Moisés o las Siete Colinas de Roma), el simbolismo es muy evidente. Si realmente el escrito fuese apocalíptico y no fuera una analogía de los romanos, el mundo debería haberse acabado en esa época.

El Apocalipsis parece preceder a muchos de los libros de la Biblia. Recuerda, una vez más, que el autor es desconocido (como la mayoría de los escritores de la Biblia), pero Francine dice que era un ciudadano de Roma que tuvo un sueño sobre lo que estaba ocurriendo en el ambiente político y religioso de la época, alrededor del año 64 d. C.

Los capítulos primero, segundo y tercero del Apocalipsis son instrucciones y advertencias (supuestamente fueron escritos para siete obispos en Asia que presidían siete iglesias). Los capítulos siguientes son profecías de cosas que van a ocurrir, especialmente acerca del fin del mundo. Se supone que el Apocalipsis fue escrito en griego en la isla de Patmos, adonde supuestamente este «Juan» fue desterrado por el emperador romano. Él empieza lamentándose del hecho de su destierro, pero dice que sus palabras provienen directamente de Dios en forma de esta revelación de Jesucristo.

En las cartas a los obispos de las siete iglesias, el escritor empieza despotricando contra los pecados de la humanidad y también parece amonestar a las iglesias. En 2, 9, en su carta a la iglesia de Smirna, dice: «*Conozco tu sufrimiento y tu pobreza, aunque eres rico, y las calumnias de los que dicen ser judías y no lo son, pues son una sinagoga de Satanás*». En su carta a la iglesia de Pérgamo, escribe en 2, 13: «*Sé dónde vives, donde está el trono de Satanás; pero permaneces fiel a mi nombre y no has renegado de mi fe, ni siquiera en los días de Antipas, mi fiel testigo, al que mataron entre vosotros, donde vive Satanás*». Luego reprende a cada una de las siete iglesias, diciendo, por ejemplo, en 2, 20-21, a la iglesia de Tiatira: «*Pero tengo contra ti que dejas que Jezabel, esa mujer que se dice profetisa, enseñe y seduzca a mis servidores, cometer fornicación y comer las cosas sacrificadas a los ídolos. Y yo le he dado tiempo para que se arre-*

pienta, pero ella no quiere arrepentirse de su inmoralidad». Cada iglesia recibe una reprimenda y uno tiene la sensación de que él escritor se está refiriendo a las iglesias como si fueran unas Sodomas y Gomorras potenciales (ciudades que Dios supuestamente destruyó porque vivían en pecado). Después de despotricar contra las iglesias y lo que él piensa que está más en la religión de la época, se lanza a una diatriba no muy disimulada contra la política, utilizando una simbología. Una cosa era criticar los principios religiosos, pero ir contra la política era cortejar a la muerte. Recuerda que, supuestamente, todo este libro es Jesús dictando todas esas palabras a Juan, el escritor desconocido. Esto revela una ligera incongruencia, porque como leemos en los evangelios, Cristo no estaba interesado en la política.

El Apocalipsis continúa y este Juan desconocido es llevado al Cielo. Ahí ve a Dios en su trono, rodeado de veinticuatro ancianos con coronas en sus cabezas, y también hay cuatro criaturas vivas: un león, un becerro, un águila y una especie de criatura con rostro de hombre. Ya se puede ver lo extraña que es esta historia, porque las criaturas tienen ojos delante y detrás y cada uno de ellos tiene seis alas. Después leemos que el escritor ve un rollo en la mano derecha de Dios con siete sellos. Nadie puede abrir el rollo, excepto Jesús, y el escritor lo ve como un cordero. El libro luego relata que, entre otras cosas, Jesús rompe los sellos y libera a los cuatro jinetes del Apocalipsis. Después tenemos a siete ángeles con trompetas, las cuales hacen sonar, y la destrucción cae sobre la Tierra. Luego, Juan, el escritor, se come el rollo que tenía los siete sellos y entonces, supuestamente, se convierte en profeta.

A continuación, entran en juego varias bestias que se supone que son manifestaciones de Satanás, y Juan dice que su número es el 666. La marca de la bestia en realidad hacía referencia a Nerón, cuya dirección era el 666, y algunos historiadores dicen que también era su nombre en hebreo (el hebreo da valores numéricos a las letras). Independientemente de esto, muchos piensan que se refiere al emperador romano Nerón, y muchos consideran que es el Anticristo. Del Anticristo se ha creído de todo, desde que era un sociedad secreta de la Iglesia hasta que era una tecnología de código de barras. Muchos piensan que toda tecnología es un preludio del Anticristo. En la primera época del Imperio Romano, nadie podía comprar o vender si no era de la casa del César. Una vez más, vemos el simbolismo cobrando más importancia que la verdadera historia política de lo que estaba ocurriendo. La bestia es el régimen social que devora a la gente viva, del mismo modo que podríamos crear una bestia que representara a los impuestos que sentimos que nos están comiendo vivos.

A continuación, el libro describe varias bestias espantosas que representan el poder de Satanás y cómo la humanidad es destruida por las plagas. Luego tenemos a Jesús descendiendo a la batalla con Satanás. Satanás es derrotado y encadenado por mil años. Juan entra luego en el Día del Juicio Final en el que, supuestamente, Dios juzga a todos los hombres.

¿Cuándo vendrá Cristo para salvar a los creyentes y derribar a los no creyentes? Esta pregunta ha sido formulada durante siglos y muchos han predicho la respuesta. Hasta la fecha, nadie lo sabe y nadie ha acertado. El pueblo judío lleva esperando a su Mesías desde los inicios, e Israel ha sido atacado y conquistado en numerosas ocasiones. Cuando a Israel se le concedió la independencia en el años 1948, para muchos ese acontecimiento dio inicio a la cuenta atrás de la batalla entre Cristo y el Anticristo. Algunas personas señalan los terremotos y los desastres naturales y dicen que el final se acerca. Algunas creyeron que 1988 sería el fin y otras dicen que el año 2012 será el fin porque es cuando acaba el calendario maya.

William Miller, un granjero con escasa educación que se convirtió en un predicador autoproclamado, revivió el movimiento apocalíptico en 1831, prediciendo que el fin del mundo sería el 22 de marzo de 1844. Se hizo muy popular y tuvo miles de seguidores. Cuando llegó el 22 de marzo y no hubo ningún fin del mundo, uno de sus seguidores dijo que William había olvidado añadir el tiempo para el cambio de a. C. a d. C. y volvieron a calcular el nuevo momento para el fin del mundo, que sería el 22 de octubre de 1844. Una vez más, ese momento llegó y pasó, y para miles de seguidores se llamó «la Gran Decepción». Muchos de los seguidores de Miller acabaron convirtiéndose en Testigos de Jehová o en Adventistas del Séptimo Día.

Todavía en la actualidad tenemos fuertes creencias apocalípticas en las iglesias conservadoras y evangélicas que utilizan el Apocalipsis como herramienta. Al parecer, cada vez que uno oye hablar a un evangelista, éste dice que el fin del mundo está cerca. La buena voluntad será recompensada cuando Cristo venga y los malos (los pecadores) serán arrojados al infierno eterno (parecen olvidar convenientemente que Cristo dijo que nadie podía predecir el fin de los tiempos). Los que se queden atrás serán los que no aceptaron a Cristo (entonces, ¿qué pasa con todas las buenas personas que no son cristianas?). El pueblo judío será perseguido, el mundo experimentará una hambruna y terremotos, y un tercio de la población mundial morirá. (Esto suena como la repetición del Holocausto, y no sólo juzga a la gente, sino que además es intolerante y presenta a un Dios parcial con ciertos grupos de personas.) Los predicadores apocalípticos dicen que Satanás vendrá y destruirá la Tierra y que luego Cristo vendrá, derrotará a Satanás y se llevará al cielo a todos los creyentes. Este tipo de mensaje casi podría ser atribuido al Anticristo, porque está lleno de intolerancia y crítica, y sólo permite que los cristianos sean salvados.

El Apocalipsis también respalda el concepto cristiano del infierno y del Día del Juicio Final, y ése es exactamente el motivo por el cual la Iglesia primitiva quiso incluirlo en la Biblia. El infierno ni siquiera era una consideración y ni siquiera se hablaba de él, hasta el Libro de Daniel, en el Antiguo Testamento, que también es uno de los escritos apocalípticos más poderosos del judaísmo. Esto se debe a que la mayoría de los estudiosos, y algunos teólogos liberales, pensaban que la gente se estaba alejando de la religión judía o de la Ley judía.

¿Qué mejor manera de controlar a la gente que proporcionarles la idea de la tortura o de la condenación eternas? Incluso San Agustín en su *Ciudad de Dios* condena prácticamente toda actividad sexual porque, sin duda, hará que uno acabe en el infierno. Esto es asombroso, porque durante años Agustín se saltó sistemáticamente estas reglas. Tanto es así, que la historia nos cuenta que su madre rezó durante treinta años para que el alma de su hijo fuera salvada. Es interesante señalar también que Agustín escribió esto cuando ya era muy viejo y probablemente sus impulsos sexuales estaban agotados, o ya no era capaz de entregarse a sus vicios.

Todas las religiones principales tienen un concepto del cielo y el infierno, pero cada una de ellas difiere de las otras de alguna manera, o de varias maneras. El término judaico para referirse al infierno es «Sheol», pero es más bien un lugar oscuro en el que residen el cuerpo y el alma, casi como un lugar de retención hasta que el mundo se acabe y comience el Día del Juicio Final. En el momento del juicio, las almas buenas irán al cielo. En el Islam, «Jahannam» es el término que utilizan para referirse al infierno y «Jana» es el término para referirse al paraíso o al cielo. Al Día del Juicio Final lo llaman «Qiyamah», y Alá puede representarlo en cualquier momento. Los musulmanes creen que las almas que van al Jahannam (infierno) residen allí durante un tiempo determinado, dependiendo de la gravedad de sus malos actos. También creen en un salvador llamado el Mahdi, que vendrá y, junto con Jesucristo, ayudará a derrotar al ad-Basjal (término utilizado para referirse a una especie de Anticristo). El término hindú para referirse al infierno es «Naraka», pero es más un estado de degradación para el alma. Si uno comete actos malos, el alma se vuelve inferior en espiritualidad y en progreso y entonces se activa el karma y uno vive su siguiente vida en una clase o forma inferior. La palabra hindú para referirse al cielo es «Swarga», lo cual, una vez más, es un estado de progreso para el alma, y el alma ya no se tiene que reencarnar.

Luego tenemos el *Inferno* de Dante en *La Divina Comedia*, que nos presenta nueve niveles del infierno. Este libro fue leído por muchísimas personas y fue utilizado por la Iglesia como obra complementaria de la Biblia. Históricamente, los misioneros usaban el miedo al infierno para convertir a la gente de otras tierras o a aquellos que se habían desviado del camino. El infierno se convirtió en una herramienta más poderosa que el cielo, o Dios, o Cristo, porque convertía a las masas incultas con la promesa de la condenación eterna si no se unían a la Iglesia.

La Iglesia empezó a alarmarse al ver que esto era demasiado duro y decidió implementar el Purgatorio. Esto proporcionó a la gente una etapa intermedia en el que podían esperar, en lugar de no tener otra opción más que ir directamente al infierno. La Iglesia también creó el Limbo para los bebés que no estaban bautizados o las personas que no estaban santificadas mediante el bautismo. En ninguna parte de la Biblia pone nada sobre el Purgatorio o el Limbo, y ni la Biblia inicial, ni siquiera los rollos judaicos, mencionan jamás el infierno.

Ahora bien, teniendo esto en mente, volvemos a ese Juan desconocido que tiene un sueño, y puesto que encajaba con el tema del miedo que presentaban la Iglesia primitiva y sus Papas, lo incluyen en la Biblia, sin darse cuenta de que algún día la gente tendría una mayor educación en el mundo y se daría cuenta de que el Apocalipsis era un tratado simbólico sobre la política de la época. Muchas personas cultas que lo leen acaban teniendo el pensamiento muy real de que este escritor, Juan, estaba absolutamente demente y, sin duda, necesitaba ayuda.

Si consideramos la Biblia como un texto histórico, todos estos libros escritos en distintas épocas y en diferentes lugares eran en realidad un popurrí de historias, leyendas y tradiciones, que finalmente acabaron juntos en un volumen polémico y con muchas contradicciones. Prácticamente todos los libros de la Biblia están escritos con un estilo distinto, lo cual significa que hubo diferentes autores, y puesto que nadie sabe quién escribió esos libros, existen muchas conjeturas sobre ellos y sobre si fueron modificados intensamente o no.

Los primeros cinco rollos de la Biblia judía conocida como la Torá, que también son los cinco primeros libros del Antiguo Testamento, parecen ser los que están más intactos y que no han sido modificados. Se dice que fueron escritos por Moisés, o al menos dictados a algún escriba que puso por escrito sus palabras. Personalmente, he estudiado prácticamente todas las versiones de la Biblia, incluida la Douay-Rheims, la King James, la Jerusalem, la Lamsa, etc., e incluso éstas difieren en la corrección de los libros e incluso en la interpretación. Añadir el Apocalipsis fue quizás un acto diseñado por los primeros cristianos para tener su propia literatura apocalíptica, en lugar de apoyarse en la literatura judía de naturaleza apocalíptica. Y supongo que por este mismo motivo a Pablo se le ocurrió decir que Cristo murió en la cruz por nuestros pecados. Aunque, como ya he dicho, Pablo nunca conoció a Jesús ni le oyó hablar, la Iglesia primitiva adoptó para siempre la idea de Pablo como doctrina. Lo encuentro asombroso, ya que Jesús jamás dijo que iba a morir por nuestros pecados.

La ley canónica católica declaró que nadie pudo ir al cielo hasta que Cristo murió en la cruz. Lo cual significa que ellos creen que Dios mantuvo a todas las almas buenas, e incluso a las personas santas, en una especie de limbo hasta que Jesús murió en la cruz, o mejor aún, que ninguna llegó al cielo incluso después de su muerte porque ninguna de ellas era cristiana cuando murió. Cómo puede la humanidad crear estas «leyes» está muy lejos de lo que yo considero siquiera lógico y, una vez más, humaniza a Dios; y, para llevarlo todavía más lejos, hace que Jesús sea más importante que nuestro Creador.

En una época, los libros apócrifos formaron parte de las enseñanzas de la Iglesia primitiva y de la Biblia, al igual que otros escritos religiosos. Luego, de repente, estos escritores, cuyas palabras habían sido aceptadas inicialmente como infundidas por Dios y enseñadas a las masas, fueron considerados heréticos. ¡¿Te imaginas cómo sería estar en esa época, en medio de un cónclave de líderes y obispos de la Iglesia primitiva que discutían sobre qué libros serían incluidos en la Biblia, y que estaba presidido y gobernado por un emperador romano pagano?!

Casi da risa la ridiculez de todo eso, si no fuera porque es tan trágico. Trágico en el sentido de que la humanidad fue privada de un idea verdadera de su Dios... trágico en el sentido de que se la privó del verdadero Jesucristo y de sus enseñanzas... trágico en el sentido de que un emperador pagano tenía la última palabra en los planes de la Iglesia primitiva de la conversión por la conversión, mediante el miedo... trágico en el sentido de que muchos textos fueron modificados o tachados de heréticos para satisfacer el afán de riqueza y poder de la Iglesia... trágico en el sentido de que la humanidad, debido a la influencia de la Iglesia, ha tenido que sufrir un dogma de falsedades y miedo... trágico en el sentido de que los actos de la Iglesia han protegido secretos que han perpetuado uno de los mayores engaños a la humanidad... y, sobre todo, trágico en el sentido de que en la actualidad las enseñanzas religiosas presentan a un Dios al que hay que temer, que juzga, y que envía a las personas a un infierno eterno, muy diferente a nuestro Dios verdadero, que ama a todos, que es compasivo con todos, que perdona a todos, que es todopoderoso, omnipotente, un Dios que no permitiría que sus creaciones fueran destruidas o sufrieran un tormento interminable en la fantasía del infierno inspirada por la religión.

La humanidad ha creado un concepto de Dios que se basa en sus propias imperfecciones. Dios es la bondad fundamental y es completamente ilógico pensar que Dios es perfecto y que ama a todo el mundo, y luego darle la vuelta y atribuir a Dios características imperfectas, como el enfado o la ira, que hacen que envíe a la gente a un infierno eterno. Todos nosotros debemos cuestionar nuestra propia bondad, en lugar de condenar a los demás. Realmente es una batalla dentro de nosotros mismos contra las tentaciones de la negatividad a la que nos enfrentamos casi a diario en nuestras vidas.

CAPÍTULO 9

El viajero místico

Mientras escribía este libro, no sentí ningún miedo, pero también me di cuenta de que, al contar la verdad sobre Nuestro Señor Jesucristo, estaría en conflicto directo con gran parte de la doctrina cristiana tal como se presenta en la actualidad y, ciertamente, con las jerarquías y los seguidores de dicha doctrina. Sin embargo, si lees más profundamente, con un corazón abierto, ésta es una verdad auténtica, no sólo porque se basa en muchos años de investigación teológica, sino también en un conocimiento común o lógico de quién y qué era nuestro Señor y lo que hizo y consiguió.

Jesucristo era judío y, como tal, su público estaba formado principalmente por personas de la fe judía. Cuando él exponía sus enseñanzas, éstas estaban naturalmente impregnadas de connotaciones y leyes judías de la época, pero sus enseñanzas eran tan universales en su naturaleza que tendían puentes entre todos los pueblos y todas las fes. Por ejemplo, en Mateo 22, 36-40, leemos: «*Maestro, ¿cuál es el mandamiento principal de la Ley?". Jesús le dijo: "Amarás al Señor, tu Dios, con todo tu corazón, con toda tu alma y con toda tu mente. Éste es el principal y primer mandamiento. Y el segundo es semejante: 'Amarás a tu prójimo como a ti mismo'. En estos dos mandamientos se apoya toda la Ley y los profetas"*». Vemos que aquí Cristo está respondiendo a la pregunta de un doctor de la ley judía, y su respuesta está completamente dentro del marco de la ley judía. Sin embargo... también es una respuesta universal que puede incorporar cualquier persona y cualquier religión en la faz de la Tierra.

Si tomáramos esta enseñanza de Cristo literalmente y la aceptásemos de todo corazón, eliminaríamos toda la intolerancia, el odio, las críticas y la condena los demás. No habría persecuciones de los diferentes grupos étnicos y raciales, ni de los que practican otras religiones, ni de los colectivos de homosexuales. Es un acto de gran hipocresía, por un lado predicar estas enseñanzas y luego, por otro lado, dar media vuelta y condenar y perseguir a un grupo racial, étnico, religioso u homosexual. Personalmente, he visto hacer esto a un líder religioso supuestamente famoso de una iglesia protestante conservadora en televisión, cuando criticó a los homosexuales... un líder que afirma creer en las palabras de Jesucristo y que las predica. Evidentemente, no sigue el segundo gran mandamiento que Jesús presenta en el pasaje que acabamos de relatar de Mateo. Este tipo de persona es lo que podríamos llamar un hipócrita en el verdadero sentido de la palabra. Los hipócritas en general no practican lo que predican y suelen ser muy críticos y dados a condenar y a veces a perseguir.

Jesús también habló mucho sobre la hipocresía en los cuatro evangelios. Si sustituyes las palabras «escribas» y «fariseos» por la frase «cualquier líder religioso», verás que los siguientes versículos de Mateo 23, 1-17 son una enseñanza universal dirigida a todas las religiones: «*Entonces Jesús habló a la muchedumbre y a sus discípulos, diciendo: "Los escribas y los fariseos se han sentado en la cátedra de Moisés. Haced y guardad, por lo tanto, todas las cosas que os digan, pero no actuéis según sus obras, porque ellos hablan, mas no hacen nada. Y atan cargas pesadas y opresivas, y las colocan sobre los hombros de la gente, pero ellos ni con un dedo quieren moverlas. De hecho, todas sus obras las hacen con la finalidad de que los vean los demás; porque ensanchan sus filacterias y alargan sus borlas, y les gusta ocupar los primeros lugares en los banquetes y las primeras filas*

en las sinagogas, y los saludos en el mercado, y que los llamen 'Rabí'.
Pero vosotros no seáis llamados 'Rabí', porque uno es vuestro Maes-
tro, y vosotros sois hermanos. Y no llaméis a nadie en la Tierra vues-
tro padre, porque uno es vuestro Padre, que está en el cielo. Ni os
dejéis llamar maestros, porque sólo uno es vuestro Maestro, el Cristo.
El más grande de vosotros que sea vuestro servidor. Y el que se humi-
lle será ensalzado. Pero ay de vosotros, escribas y fariseos, ¡hipócritas!,
porque cerráis el reino de los cielos a los hombres. Porque vosotros no
entráis, ni dejáis entrar a los que quieren. ¡Ay de vosotros, escribas y
fariseos, hipócritas! Porque devoráis las casas de las viudas, rezando
largas plegarias. Por esto se os juzgará con más dureza. ¡Ay de voso-
tros, escribas y fariseos, hipócritas! Porque atravesáis mares y tierras
para convertir a uno, y cuando se ha convertido lo hacéis hijo del in-
fierno, dos veces más que vosotros. ¡Ay de vosotros!, guías ciegos, que
decís: 'Jurar por el templo, no es nada; pero el que jura por el oro del
templo, entonces queda obligado'. ¡Ciegos! Pues, ¿qué es más grande?
¿El oro, o el templo que santifica ese oro?"».

Cristo no se detiene ahí. Continúa en Mateo 23, 23-28, diciendo: «*¡Ay de vosotros, escribas y fariseos, hipócritas! Porque pagáis*
el diezmo de la menta, el anís y el comino, y habéis descuidado lo más
importante de la ley, el juicio correcto, la misericordia y la fe. Estas
cosas deberías haberlas hecho, sin dejar de hacer las otras. ¡Guías cie-
gos, que coláis un mosquito, pero os tragáis el camello! ¡Ay de vosotros,
escribas y fariseos, hipócritas! Porque limpiáis por fuera la taza y el
plato, pero por dentro están llenos de rapiña e impureza. ¡Fariseo cie-
go! Limpia primero la taza y el plato por dentro, para que también
por fuera queden limpios. ¡Ay de vosotros, escribas y fariseos, hipócri-
tas! Porque sois como los sepulcros blanqueados, que por fuera apare-
cen hermosos, pero por dentro están llenos de huesos de muertos y de
toda la podredumbre. Así también vosotros , por fuera parecéis justos,
pero por dentro estáis llenos de hipocresía y de injusticia».

La hipocresía era el blanco favorito de Jesús, por su falta de verdad y su engaño. Nos encontramos con la hipocresía en una u otra
forma a lo largo de nuestras vidas, pero en el área de la religión

abunda. Cuando la religión presenta a un Dios que ama a todos y es misericordioso, y luego da un giro y dice que hay que temer a Dios debido a su ira, eso es hipocresía... porque ellos dicen que Dios ama a todos, es misericordioso y perfecto y presentan eso como una verdad, y luego dan un giro y traicionan a esa verdad diciendo que Dios es iracundo y vengativo y que condena a algunas de sus creaciones a un eterno foso ardiente para que sufran eternamente. Simplemente usando una lógica elemental, no puede ser que un Dios que ama a todos y que es misericordioso con todos luego haga un giro y muestre una falta de piedad o de amor al castigar eternamente a aquellos que supuestamente ama y con los que es compasivo.

También nos topamos con la hipocresía religiosa en el hecho de condenar y juzgar a los supuestos «pecadores». Todas las religiones tienen diferentes puntos de vista sobre lo que consideran «pecado» y todas dan distintas clasificaciones de severidad a los diversos «pecados». Incluso algunas iglesias cristianas presentan como pecado las siguientes cosas: usar maquillaje, ponerse joyas, bailar, mirar la televisión, ir al cine, usar bikini, nadar con personas del otro sexo, jugar a las cartas, fumar, escuchar música rock, llevar barba, que las parejas que no están casadas se besen, beber vino con moderación, leer una Biblia que no sea la versión King James, y beber café o té. Cuando un adulto normal lee esta lista, es posible que se ría ante la ridiculez de esto, pero para ciertas iglesias las personas que hacen estas cosas son «pecadoras».

El pecado, como dije antes, también es juzgado según su gravedad. En ciertas religiones, el adulterio cometido por una mujer (por lo visto, en la mayoría de los casos, no se aplica a los hombres) puede significar una condena a muerte. En el caso de las mujeres en general, los pecados sexuales parecen tener el mayor estigma, mientras que los hombres son absueltos con mucha más ligereza. Muchas iglesias conservadoras todavía sienten que la mujer es una Jezabel potencial que puede seducir a los hombres con sus ardides femeninos (por lo tanto, prohibido el maquillaje, el lápiz de labios, las joyas, los bikinis, etc.). En algunos casos de pecado, la mujer tiene ventaja, como en los de asesinato, porque es mucho menos probable que condenen a muerte a una mujer que a un hombre. Es mucho más probable que los pecados en las religiones se centren en los pecados de moralidad que en los de delincuencia, especialmente cuando se trata de moralidad sexual. Supongo que las religiones consideran que si pueden controlar los temas de moralidad sexual, luego pueden dedicarse a otros temas de moralidad.

Yo tenía una clienta que venía a verme con regularidad. Era una persona muy dulce y afectuosa, honesta, cariñosa y, desde el punto de vista de la apariencia externa, era una señora muy bonita y elegante. También era una prostituta de alto nivel. Cuando le dije clarividentemente cómo se ganaba la vida, se limitó a asentir y me dijo que le gustaba su profesión, que la dejaría cuando tuviera su propio hogar, que se casaría y que le gustaría tener dos niños. Se sentía completamente despreocupada y muy a gusto, e inmediatamente supe por qué: era una buena persona. Muchas religiones la habrían colgado del árbol más cercano, por así decirlo, pero ella no le estaba haciendo daño a nadie y realizaba un trabajo voluntario en un hospital de su localidad. Siempre he detestado la palabra «pecado», porque es un término verdaderamente subjetivo. La moralidad es geográfica, porque en algunas culturas primitivas las mujeres se pasean con los pechos descubiertos y pueden tener varios maridos, o viceversa. Para ellas es una forma de vida tradicional y, por otro lado, no hacen daño a nadie. Siempre he dicho que lo que separa al pecador del no pecador es el motivo. Si tienes la intención de hacerle daño a alguien, o si pretendes hacerle daño a alguien, puedes ser juzgado por los demás por intención criminal, con la finalidad de mantener el orden social. Pero en lo que se refiere a juzgar en el sentido religioso, nadie puede juzgar a otra alma... Ése es un asunto entre el alma y Dios. Personalmente, no creo en el concepto de juicio religioso, porque sé que tenemos a un Dios que ama a todo el mundo y que no haría daño ni castigaría a nadie. Creo que el único juicio por el que pasamos es cuando nos juzgamos a nosotros mismos en el Otro Lado.

Puesto que muchas de las principales religiones del mundo se concentran en la propensión de la humanidad a «pecar», ponen más énfasis en el mal que en el bien. En lugar de pregonar las buenas acciones que la humanidad debería y podría hacer, recuerdan constantemente a sus seguidores los actos malos y malvados, y además les hacen sentir culpables. En su propaganda negativa, respaldada por unos supuestos Libros Sagrados que son incongruentes, contradictorios y, además, ponen el énfasis en las maldades que comete la humanidad, los que estamos aquí en la Tierra vivimos asediados por una programación negativa. No sólo tenemos que ver todas las noticias negativas en la televisión o leer sobre negatividad en los periódicos, sino que además nuestras religiones no nos ofrecen ningún consuelo o respiro. No es de extrañar que la mayoría de nosotros esté estresada, llena de culpa y agotada por la vida. La religión no nos ofrece ningún refugio de los desafíos de la vida y, de hecho, sólo contribuye a empeorar las cosas al estar constantemente señalando nuestros pecados y haciéndonos sentir culpables.

Cuando mi editor me pidió que escribiera este libro, le dije que sería muy polémico porque con los conocimientos y la verdad que he recogido a lo largo de los años, mi verdadera representación de Cristo iba a ser radicalmente distinta a la de la religión. Espero, como mínimo, tanto si estás de acuerdo como si estás en desacuerdo conmigo, colocarte en el camino par que busques tu propia espiritualidad y tu verdadera sensación de quién fue este hombre divino. ¿Es cierto que todos somos hijos e hijas de Dios? Absolutamente... pero dicho esto, añadiré que Jesús fue un mensajero verdadero y divino de Dios. Vendría a ser lo que podríamos llamar el primer y principal viajero místico.

¿Qué son exactamente los viajeros místicos? Son entidades creadas por Dios con la perfección para traer la palabra de nuestro verdadero y amoroso Creador. Normalmente son asignados a un planeta concreto para ayudar a las criaturas de dicho planeta a hacer evolucionar sus almas. También podemos pedir ser viajeros místicos, pero no alcanzaremos (al menos no en esta vida) la altura y la divinidad de Jesús hasta que nuestras almas lleguen a un estado de perfección que garantice esa designación. La mayoría de viajeros místicos, como en el caso de Jesús, son creados con esa perfección ya intacta en ellos. Todos los viajeros místicos, tanto si han sido creados como tales, como si alcanzan ese estado a través de la evolución de sus almas, hacen una sencilla promesa de que vivirán sus vidas estando completamente al servicio de Dios y que irán a cualquier parte para hacer cualquier cosa que Dios les comunique que deben hacer.

Mi Iglesia cristiana gnóstica, Novus Spiritus (Nuevo Espíritu), fue fundada porque creemos que, verdaderamente, todas las religiones tienen sus propios mensajeros o mesías, y da la casualidad de que el nuestro es Jesucristo. En muchos sentidos, Jesús, por encima de todos los demás, fue el que transmitió los mensajes y las enseñanzas más simplistas, pero también ha sido el mensajero o mesías en la Tierra más malinterpretado, discutido y mal representado.

¿Cómo es posible que las enseñanzas de este hombre-Dios se hayan tergiversado tanto? Él enseñaba parábolas, amor, bienaventuranzas, perdón, justicia y a no juzgar, y en aquella época introdujo el nuevo concepto de un Dios amoroso, misericordioso y benevolente. Según la Biblia, en su vida pública sólo viajó en un radio de aproximadamente cien millas, y sin embargo sus enseñanzas y su influencia se acabaron extendiendo por la mayor parte del mundo. ¿Qué o quién fue el que tomó esas enseñanzas de amor, las convirtió en una religión y luego dio media vuelta y salió a matar a millones de personas en sus guerras, cruzadas, inquisiciones y persecuciones?

Probablemente ya conoces la respuesta: la Iglesia católica primitiva. Se han cometido más horrores contra la humanidad en nombre del cristianismo que en nombre de prácticamente todas las otras religiones juntas. Cuando el cristianismo inicial se convirtió en la religión estatal del Imperio Romano en el siglo cuarto, empezó a crecer a grandes pasos y saltos. Junto con ese crecimiento llegaron un poder y una corrupción increíbles.

Este mensajero amable y bondadoso llamado Jesús llegó a un mundo que quizás no fuera tan malo como el nuestro, pero era muy parecido. Un mundo dividido en pobres, necesitados, ricos y poderosos. Un mundo de dos facciones en guerra: el Imperio Romano y el Sanedrín, el cuerpo gobernante de la Ley Judía y la religión.

Estoy convencida de que Jesús tenía contacto directo con Dios, sin intermediarios. Mi guía, Francine, dice que Jesús tenía ángeles en abundancia a su alrededor y que las enseñanzas que recibió de sus tutores sobre la Ley judía siendo un niño y en sus viajes al Lejano Oriente también le ayudaron mucho. Pero su verdadera orientación provenía de Dios.

Ciertamente, puesto que era esenio y gnóstico, Jesús vino para mostrarnos a todos que tenemos que pasar por las pruebas y las dificultades de la vida, que incluyen sufrir para aprender y agrandar nuestras almas. Él no vino para morir por nuestros pecados (solamente Pablo y el Apocalipsis, que estaba influenciado por Pablo, dicen eso): él vino para enseñar y curar, y para llevar una vida ejemplar haciendo la voluntad de Dios. Su Carta no le permitía, a pesar de todo su poder, ayudarse a sí mismo, porque él no era un hipócrita, y además mostraba que él sentía que sus enseñanzas eran la parte más importante de su vida, no su divinidad, ni su poder. Aunque su divinidad estaba magnificada en sus enseñanzas y en su poder, estar encarnado en forma humana hacía que salieran todas las fragilidades y las emociones que todos nosotros experimentamos cuando nos encarnamos en este planeta llamado Tierra. Él, al igual que nosotros, fue presa de la depresión, el enfado, el miedo y todas las otras emociones por las que todos pasamos en la vida al presionar contra nuestra Carta escrita para cambiarla. Esto se manifiesta en su enfado con los cambistas de dinero en el Templo, su miedo en el Jardín de Getsemaní y su ansiedad por sentirse solo en la cruz cuando le preguntó a Dios si Él lo había abandonado.

Una de las controversias que siempre han rodeado a Cristo es si era en realidad Divino, o si no lo era. Algunos creen que él fue un mito creado por los cristianos y los judíos, y citan el hecho de que no hay referencias históricas a Jesús en otros escritos que no sean cristianos. Dicen que ninguno de los historiadores importantes de la época menciona nada sobre un hombre llamado Jesucristo y, ciertamente, eso es verdad. Uno podría esperar que los grandes historiadores de la época, como Josefus, lo hubieran mencionado en sus escritos, pero la verdad es que no lo hicieron, y esto sigue siendo desconcertante para muchos estudiosos e historiadores de la actualidad. Francine dice que uno de los motivos de esto es que la vida pública de Cristo estaba limitada a una zona muy reducida y, aunque atraía a grandes multitudes de judíos, muchos no lo aceptaban como un Mesías o como el Cristo porque estaban sólidamente adoctrinados en la fe judía, que estaba muy influenciada por el Sanedrín. Si Cristo hubiese sido aceptado de todo corazón por el pueblo judío, la religión judía no existiría en la actualidad. La religión judía tenía una larga historia, incluso en la época de Cristo, y la fuerza de la tradición y la fe judías superaba la fuerza de las nuevas enseñanzas de Jesús entre la inmensa mayoría de la gente. Sin embargo, Cristo tenía a sus conversos y seguidores, pero la mayoría de ellos seguía siendo fiel a la fe judía, y esas personas se convirtieron en cristianos judíos. También debes recordar que durante la vida pública de Cristo, todavía no se había formado ninguna semblanza o estructura de una iglesia o religión. Los evangelios también exageraron sobremanera su influencia en la mayoría de los seguidores de la fe judía, y en realidad fueron utilizados para convertir a seguidores de otras religiones; ése es el motivo por el cual Jesús envió a sus discípulos a otras tierras para predicar sus palabras.

Muchos de los cristianos judíos y posteriormente gnósticos tampoco creían necesariamente en la divinidad de Jesús porque ellos sabían que había sobrevivido a su crucifixión, que no había muerto y que no había resucitado. La mayoría creía que él era un gran profeta y maestro que traía un mensaje de Dios y que era humano como los demás. Una de las figuras principales de la iglesia judeocristiana inicial fue Santiago, el hermano de Cristo, que ciertamente no creía en su divinidad, pero sí creía que Jesús era una gran profeta y mensajero con unas enseñanzas divinas para todo el mundo. Pablo y algunos de los discípulos fueron los que realmente pusieron el énfasis en la divinidad de Cristo. Inicialmente, mediante el boca a boca, difundieron historias de sus milagros y enseñanzas con unos sermones que daban a cualquiera que quisiera escuchar. No fue hasta varias décadas más tarde que empezaron a poner esas historias por escrito, y definitivamente se desviaron de la verdad para ayudar a propagar su nueva religión, que se llamaría cristianismo. Como ocurre con todas las religiones, ellos tendían a exagerar demasiado los actos de sus héroes o fundadores para dar la impresión favorable de que su religión era más grande que cualquier otra.

En el libro *La revelación de los templarios,* de Lynn Picknett y Clive Prince, los autores señalan un ejemplo de lo que pensaban los gnósticos sobre Cristo. Ellos escriben sobre un doctor cuyo nombre era Bernard Raymond Fabré-Palaprat, quien supuestamente adquirió su autoridad de lo que se conoce como la «Carta de Larmenius». Johannes Marcus Larmenius afirmaba haber escrito esta carta en 1324. Fue nombrado gran maestre de los Caballeros Templarios por el supuesto último gran maestre, Jacques de Molay, antes de que éste fuese quemado en la hoguera, en 1314, por la Iglesia católica y el rey de Francia, quienes estaban intentando destruir a los Caballeros Templarios. Se supone que esta carta señala la continuación de la Orden de los Caballeros Templarios porque contiene las firmas de todos los subsiguientes grandes maestres de la orden, de los cuales Fabré-Palaprat era entonces el gran maestre. Fabré-Palaprat poseía también otro documento importante, llamado el *Levitikon,* que era una versión del evangelio de Juan que tenía evidentes connotaciones gnósticas y supuestamente había sido escrito en el siglo once. Él utilizó el *Levitikon* como la base para fundar la Iglesia juanista (cristianos originales) en París, en 1828, y ciertamente tenía filosofías neo-templarias.

El *Levitikon* consta de dos partes. La primera contiene doctrinas religiosas que se enseñan, las cuales incluyen los nueve grados de la Orden Templaria. La segunda es mucho más polémica, porque contiene el Evangelio de Juan tal como se presenta en el Nuevo Testamento, aunque omite varias partes importantes y le añade algunos textos sumamente conflictivos. Todos los milagros de Jesús han sido eliminados, al igual que ciertas referencias a Pedro, incluyendo la historia en la que Jesús dice: «Sobre esta piedra edificaré mi iglesia». Los últimos dos capítulos del Evangelio de Juan original, que se refieren a la resurrección, también han sido eliminados. Además, se incluyó cualquier texto que dijera que Cristo fue un iniciado de los misterios de Osiris, el principal dios egipcio de su época, y que había transmitido esos misterios, esas enseñanzas y conocimientos esotéricos a su discípulo Juan el Bienamado. También dice que Pablo y algunos otros apóstoles fundaron la Iglesia cristiana, pero que lo hicieron sin tener ningún conocimiento de las «verdaderas» enseñanzas de Cristo. Según Fabré-Palaprat, estas enseñanzas *secretas* que fueron transmitidas a Juan el Bienamado tuvieron una gran influencia en las creencias de los Caballeros Templarios. Esto también encaja con lo que dice mi guía, Francine, de que Jesús aprendió los «antiguos misterios» en Egipto, justo antes de iniciar su vida pública.

Lo que siempre me ha parecido asombroso es el hecho de que, por un lado, tenemos los textos del cristianismo y, por otro lado, una colección igualmente extensa de textos de los gnósticos y los cristianos judíos que, en muchos casos, directamente se contradicen. Al realizar una investigación sobre todos estos escritos religiosos te puedes confundir tanto por las interpretaciones, las discrepancias, las omisiones, las contradicciones y las evidentes falsedades, que te quedas con la cabeza dándote vueltas y preguntándote quién dice la verdad. Realmente esto se reduce a la premisa de que si el cristianismo ha presentado la «verdad», ¿por qué hay tantos partidarios de Jesucristo que han escrito textos contra las «verdades» del cristianismo? Si los opositores de la «verdad» del cristianismo fueran las otras religiones, se podría comprender su oposición, pero las otras religiones no atacan al cristianismo tanto como las llamadas sectas «heréticas» formadas por personas que creen en Cristo. A lo largo de la historia ha surgido una multitud de sociedades secretas cristianas que afirman tener el conocimiento secreto de la auténtica verdad sobre Jesucristo y María Magdalena, y sobre la vida de Cristo. Algunas de estas sociedades se hicieron tan populares o poderosas que la Iglesia católica intentó literalmente eliminarlas mediante la aniquilación, y miles de personas murieron.

¿Por qué tantos cristianos se rebelaron contra las enseñanzas y el dogma de la Iglesia católica primitiva? ¿Podría ser que estuvieran basadas en mentiras sobre la muerte y resurrección de Jesús y en la omisión de su verdadera relación con María Magdalena? Si la verdad saliera a la luz, podrían aparecer detractores, pero la verdad es la verdad, y si todas esas «verdades» fueran realmente verdad no habría miles de cristianos peleándose por ellas. Definitivamente, hay algo extraño en todo esto o, como se dice vulgarmente, aquí hay algo que huele a podrido.

He intentado transmitir la verdad tal como yo la conozco. Una vez más, tanto si crees en lo que digo como si no lo crees, todos tenemos que regresar, no sólo a la esencia de la fe, porque eso puede ser minado con datos históricos... sino a la esencia real de nuestro conocimiento de que Cristo estuvo aquí en este mundo y caminó entre nosotros. El mensaje de Jesús era simple. Se complicó por la necesidad de la religión y de la humanidad de modificar sus enseñanzas, de cambiarlas y omitirlas en favor de sus propios planes de naturaleza política y de ganancia económica. Los estudiosos no saben quién escribió los cuatro evangelios canónicos, pero, ciertamente, podemos decir sin miedo a equivocarnos que la Iglesia primitiva los corrigió muchísimo y eliminó muchos otros evangelios y libros que ahora están contenidos en lo que se conoce como los evangelios apócrifos. Esos textos omitidos contenían grandes verdades que fueron ocultadas a la gente durante siglos. Muchas de las enseñanzas de Cristo fueron modificadas: por ejemplo, las que tratan sobre la reencarnación y la verdadera naturaleza de Dios. Muchos de los hechos de la vida de Cristo fueron omitidos o completamente inventados y exagerados. En la actualidad, el cristianismo puede condenar a un escritor como Dan Brown por haber escrito un libro de ficción, pero no se condena a sí mismo por haber escrito, en muchos casos, un relato ficticio sobre Jesucristo.

Entonces, con todo esto, y puesto que todavía llevamos a Cristo como el Mesías en nuestros corazones y en nuestras almas, ¿qué debemos hacer? Es fácil: seguir amando y dándonos cuenta de por qué vino Jesús y, como ya dije, de que realmente sobrevivió a lo que la humanidad intentó hacerle. Su divinidad es real y su resurrección fue real; simplemente ocurrió durante su auténtica muerte, cuando tenía ochenta y ocho años, aproximadamente, de la misma manera que todos nosotros resucitamos al morir. Jesús no tuvo que morir por nuestros pecados, ni tampoco vino aquí para morir por nuestros pecados... Él vino para enseñarnos y transmitirnos el conocimiento de nuestro amoroso Creador.

¿Celebramos la Navidad? Literalmente, por el bien de Dios, espero que lo hagamos, pero quizás, sólo quizás, sea una fiesta llena de auténtica alegría y del verdadero significado de la Navidad. No importa en qué mes o en qué fecha la celebremos, o lo que alguien pueda decir sobre dónde nació Jesús, o incluso sobre cómo nació. El hecho es que vino al mundo, a este mundo de oscuridad, entonces y ahora, y durante las épocas difíciles en las que la humanidad ha sufrido, luchado, sobrevivido y muerto en los últimos dos mil años... Jesús trajo una luz de esperanza en el futuro y en que el verdadero templo de Dios reside en nuestra alma y en nuestro ADN, que proviene de un Creador amoroso. La Pascua también debería celebrarse, no sólo con el recuerdo renovado de que creemos en el Señor, sino también con una confirmación de este hombre-Dios que nos enseñó lo que es el amor y el propósito en nuestras vidas, y que estamos aquí para aprender y luego ascender y regresar al hogar, al Otro Lado, de donde vinimos.

Hace muchos años, mi guía me dijo algo que he contado solamente a mis grupos de investigación. Sabemos que en el Otro Lado todo el mundo es feliz. Pero ella recordó una ocasión en la cual estuvo escuchando una charla de nuestro Señor, que ahí nos habla a todos. Francine dice que, durante el curso de la charla, Jesús señaló sin dolor ni remordimiento, sino mas bien de una forma casual, que él había sido consciente de lo que ocurriría después de su muerte, pero que había tenido la esperanza de que la humanidad no tomaría sus enseñanzas y las convertiría en control político y en prejuicios. Dijo que, tristemente, lo único que todos parecen recordar es una figura sangrante y sangrienta colgada de una cruz... y no las buenas obras, ni las curaciones, ni los milagros, ni el amor y el perdón de un Dios que ama a todo el mundo. Francine dice que añadió que, si existe esa cosa que la gente llama «rapto», será la llegada del conocimiento de por qué él vino y por qué sufrió.

De modo que yo llevo puesta una cruz en honor a Jesús, no una cruz con Cristo padeciendo la crucifixión, sino una cruz que me recuerda que él sigue viviendo en la alegría y en la felicidad, y que siempre está entre nosotros. Yo no soy nadie especial, sólo soy la reportera, no la editora. Solamente Dios es el editor. Debo decir que al escribir este libro, más que en cualquier otro libro que he escrito, sentí Su mano sobre la mía, y cuando flaqueaba era como si Él me dijera: no pares ahora, continúa. Y eso fue lo que hice.

Esta Navidad voy a reunir a mi familia a mi alrededor y voy a contarles la verdadera historia de este hombre-Dios, de este Viajero Místico grande y glorioso que vino para traer la luz a este mundo oscuro. También voy a animarlos, y a animaros a todos, a que no nos limitemos a entrar y salir en un exceso consumista, sino que quizás intercambiemos un regalo que hayamos hecho nosotros mismos, o algo realmente especial, y luego salgamos y regalemos nuestro tiempo a aquellos que no tienen tanto. Quizás entonces Jesús no habrá vivido y muerto en vano, y sus palabras echarán raíces y florecerán, en lugar de caer sobre las rocas estériles de nuestra ignorancia.

Índice

Prólogo..11

Capítulo 1. Nacimiento y niñez 17

Capítulo 2. Los años perdidos de Jesús..31

Capítulo 3. Su bautismo y la reunión de los discípulos.....................49

Capítulo 4. Su prédica inicial y sus milagros 67

Capítulo 5. María Magdalena, las bienaventuranzas de Cristo.............83

Capítulo 6. La verdadera historia de la Pasión de Cristo....................103

Capítulo 7. La resurrección: un plan para la supervivencia de Cristo 123

Capítulo 8. El verdadero Apocalipsis 143

Capítulo 9. El viajero místico..159